儿子，让我陪你玩着长大

小坏坏妈咪 ◎著

华夏出版社

图书在版编目（CIP）数据

儿子，让我陪你玩着长大 / 小坏坏妈咪著. —北京：华夏出版社，2014.1

ISBN 978-7-5080-7901-1

Ⅰ.①儿… Ⅱ.①小… Ⅲ.①儿童教育－家庭教育 Ⅳ.①G78

中国版本图书馆CIP数据核字（2013）第280058号

出品策划：华夏盛轩

网　　址：http://www.huaxiabooks.com

儿子，让我陪你玩着长大

作　　者	小坏坏妈咪
责任编辑	郭淼　陈素然
装帧设计	蒋宏工作室
出版发行	华夏出版社
	（北京东直门外香河园北里4号　邮编：100028）
总 经 销	新华文轩出版传媒股份有限公司
印　　刷	三河市华业印务有限公司
开　　本	720mm × 1020mm　1/16
印　　张	16.25
字　　数	282千字
版　　次	2014年1月第1版　2014年9月第1次印刷
定　　价	30.00元
书　　号	ISBN 978-7-5080-7901-1

本版图书凡印刷、装订错误，可及时向我社发行部调换

让儿子玩着长大，
给他一个快乐童年

对于新手妈妈来说，育儿就像是在一张白纸上学画画。

2007年，我结婚了；2008年，我有了儿子小坏坏；这一晃结婚七年了，儿子也快6岁了，回想起这六年的育儿经历，可以用"成长"两个字来概括，不仅仅是儿子在成长，对于我来说，也是一个自我成长的过程。

养儿六年，我亲身体会到儿子从出生到6岁各个阶段的变化，也时常在博客里用文字和图片记录他成长中的点点滴滴。

在养孩子的过程中，我阅读了大量的育儿书刊，并从一次次错误中去体验、去纠正、去吸取育儿经验。一路摸索着走来，我这个昔日对育儿一窍不通的笨妈也有了一套自己的育儿方法。

养儿六年，我尽量避免以"教导"的口吻和儿子说话，而是尽可能去言传身教，去"引导"他。其实，这六年来，儿子也在潜移默化地影响我。

在育儿中，我也曾焦虑过、无助过、彷徨过，并深深体会到了6岁前孩子成长的关键：童年，童心最珍贵，玩比学习更重要！

记得有一次，儿子竟然把捡到的落叶和果子摆出了一幅"作品"——一棵树上还结了果实。他涂鸦时，会涂个红苹果，再涂个黑苹果与妈妈分享。他玩耍时爱和妈妈讨价还价。这些小小的举动都深深地启发了我。其实，孩子玩耍的过程就是学习和探索的过程。

儿子上幼儿园，小班和中班几乎都是在玩中度过的。上了大班以后，他才开始学拼音、学算数、写生字……从此，他摊上了要"做作业"的任务。

每次接儿子时，走到教室门口，我第一眼看到的场景都是家长们举着手机在拍黑板上的作业。有一次，我无意中听到一个孩子说："妈妈，为什么现在每天都有作业呀？上大班可真麻烦。"孩子的话也道出了我的心声。

作业是留给孩子的，同样也是留给家长的。

自从儿子上了大班后，我每天的生活节奏也变了。下班回到家，我的第一件事是先辅导他写作业，虽然只有短短的 20 分钟，但却让我第一次感觉到了来自成长的压力。

为了让儿子没有心理负担，我告诉他："妈妈给你每天 20 分钟的时间写作业，超过时间后，即使没完成也不写了。"儿子问："为什么？"我解释说："学习不能占用玩耍的时间。同样，玩耍也不能占用学习的时间。对时间进行合理地规划，才能玩好学好。"

童年，我不想给儿子太大的压力，所以我没有给他报任何兴趣班。

我的童年给我留下了美好的记忆。现在，虽然我已为人父母，但对童年岁月依旧记忆犹新。小时候，我每天除了玩就是玩，有很多好玩的游戏，比如：跳房子、踢沙包、跳皮筋、翻花绳、捉迷藏……今天，我也要把这些快乐的记忆留给孩子，不管有多大压力、竞争如何激烈，我始终坚持童年以玩为主，让儿子玩着长大。

孩子的玩看似简单，其实却很重要。

对于 6 岁前的孩子来说，从学翻身、说话、坐、站、走、跑，到认人、识物，都有一个成长的规律，我们没必要去揠苗助长，顺其自然就好。而妈妈应该做的就是，放下工作的压力和生活的琐碎，用孩子般的心态陪孩子玩，和孩子心交心地沟通，这才是当妈妈的在这个阶段最应该做的。

原来，爱是一切的答案。

目 录
CONTENTS

第一章

丫头片子当妈，怎一个"笨"字了得

第二章
0~1岁：吃喝拉撒是一件麻烦事

第三章

1~2 岁：笨妈当陪练，教儿子怎么玩

第四章

2~3岁："妈妈，我喜欢你！"

第五章
3~6岁：让儿子玩着长大

第六章
笨妈也聪明，自创家庭育儿经

第七章
慢下来，陪儿子一起长大

慢下脚步，
用心和孩子一起成长

丫头片子当妈，
怎一个"笨"字了得

●孕期　●待产包　●分娩
●母乳喂养　●新生儿护理　●坐月子

1

丫头片子，意外怀上小宝宝

2007 年，我和坏坏爸走进了婚姻的殿堂。

婚后，我们的生活过得简单而快乐，尽情地享受着二人世界的自由。每逢周末，总会约朋友去郊游、爬山、唱歌……日子过得随心所欲、逍遥快活。同年 8 月份，我惊讶地发现自己怀孕了，那时心情真的很复杂，高兴过，也担忧过。

出于对优生优育的考虑，我开始犹豫是否要留下肚里的这个宝宝？原因是：在宝宝来临之前，我们不但没做孕前体检，反而还经常一起熬夜玩，老公有时还和朋友去喝酒，生活很没规律……我越想越担心宝宝的健康问题。

当我告诉坏坏爸自己怀孕的消息时，他故作平静地说："既来之，则安之，有了就生下，正好可以陪你一起玩！"话虽说得如此淡定，但我还是能明显感受到他的激动和喜悦，看得出他非常想要这个宝宝。

别看我平时大大咧咧的，有时还爱要点小脾气，总是一副长不大的样子，但面对肚子里突如其来的小生命，我似乎也一下子长大了，想做妈妈的欲望愈来愈强。既然如此，还有什么顾虑呢？他想要，我也想要，这说明这个宝宝和我们很有缘，我又有什么理由拒绝这个小生命呢？

就这样，我这个被坏坏爸称为长不大的"丫头片子"也稀里糊涂地当上了准妈妈，怀揣着当妈的喜悦，我开始等待着这个小生命的到来！

笨妈育儿经

现在都讲究优生优育，所以，如果你准备怀孕，最好提前咨询医生要做哪些准备，可别像我一样稀里糊涂的！另外在怀孕的前三个月里，准妈妈要特别注意不要吸烟喝酒，要停止口服避孕药，不能照射 X 线等。还有最重要的一点就是，一定要调整好自己的情绪，用好心情来迎接新生命的到来。

▲ 怀孕两个月时，在重庆三峡，够能折腾的吧？

2
怀孕两月自驾游

怀孕快两个月时，对于坐不住的我来说，整天除了吃就是睡，无聊得快要疯掉了。实在憋不住了，我就想如何缓解一下情绪，我和坏坏爸商量后决定：自驾四川游。

临出发前，路线初定为：成都—重庆—三峡。考虑到我刚刚怀孕，我们特地叫上了两个朋友，这样一路上可以换着开车，同时也有个照应。

临出发前，婆婆既担心又无奈地对我们说："你们俩就折腾吧，一点都不让人消停，才怀孕两个月，多危险呀。"当然，她老人家的担心也不是没有道理，毕竟我还没过怀孕前三个月的危险期。不过，我实在是憋不住了。

其实，孕期适当出去旅游也未必是一件坏事，等宝宝出生后，我还可以自豪地告诉他："你在妈妈肚里两个月的时候，就去过美丽的四川了。嘿嘿！"

说走就走，收拾了简单的行李，坏坏爸去超市为我这个"零食控"采购了一大堆零食。第二天，我们一行人就出发了。

一路上，我时不时还给他们来段笑话，心情一下子变得相当好，也没有什么不适的反应，看起来完全不像个怀着身孕的人。中途看到他们开车困了，我还要求和他们替换开车，当时被坏坏爸一口拒绝，他只说了一句话："没见过你这样疯狂的孕妇！"

笨妈育儿经

准妈妈出游要注意的是：首先，出游时一定要有人照顾，不要独行；其次，旅游地点的选择也很重要，不要去公共卫生条件差和人流量太集中的地区。周末还可以到城市的周边踏青，欣赏一下青山绿水，呼吸呼吸新鲜空气；最后，旅游途中要注意休息和营养的摄取。

3
孕期吃兔肉，宝宝会长兔唇吗

孕期嘴馋吃了兔肉，一度担心宝宝会长兔唇。

孕后自驾游时，我在成都晚上出去逛夜市，当时点了成都有名的"麻辣兔头"。一听这"麻辣"二字，我就馋得流口水，没多想一口气吃了两个。等美味进肚后，才敏感地想起以前听过的一句话：孕妇吃了兔肉，生下的宝宝会是"兔唇"！

孕妇本来就很敏感，尽管我不相信这个毫无科学依据的说法，但当我想起那句话时，心里还是会莫名奇妙地紧张，像得了"恐惧症"般害怕，整天惶恐不安。

那段时间，一提起兔肉，我就会提心吊胆地瞎想一番。后来，我怀着忐忑不安的心情上网查了很多资料，结果每一条都表明，怀孕时吃兔肉和宝宝长兔唇一点关系都没有，反而还好处多多。

兔肉营养丰富，具有质嫩味美、蛋白质高、脂肪少、胆固醇低的特点。孕妇如能吃些兔肉，增加些动物蛋白，对母体和胎儿的健康都有好处。

知道了这些，按理说我该完全放心了，但还是像中了魔一样，怎么也摆脱不了"兔唇"的阴影。

甚至，我还责怪自己太嘴馋，非要吃什么兔肉。产检的时候，坏坏爸陪我去医院，我又专门认真地咨询了医生，结果再次得知孕期吃兔肉和宝宝生下来是不是兔唇没有一点关系。

我想自己还是太紧张的缘故，难道孕期的女人神经都这么敏感？

笨妈育儿经

为了生育一个健康的宝宝，准妈妈在孕期一定要注意自己的饮食习惯，这样有助于实现这个目标。怀孕期间不要节食，可少食多餐，每4个小时吃一顿饭。要记住，少吃那些没有营养而且高脂肪、高盐、高糖或者高咖啡因的食物。

▲ 孕期大肚照。

4
做B超激动坐起，喊着要看宝宝

怀孕三个多月时，在老公的陪同下，我第一次去做孕前检查。

到了医院门口，我先下了车，左脚刚迈上台阶，坏坏爸就赶了上来，两手轻轻扶着我的胳膊，佯装仆人的样子说："您慢点，脚下有台阶，我扶您上去，您身子骨娇贵啊！"那种表情和动作又夸张又搞笑，说完连他自己都忍不住哈哈大笑起来。

医生简单问了我一些怀孕的相关情况后，就挥笔开了一大堆的检查单，拿着那些单据给坏坏爸时，我说："这都什么呀，要做这么多项检查？"老公笑着回答："医生是想查查我不在家时，你都偷吃了什么东西，有没有欺负我的小乖乖。哈哈！"

在做B超的时候，医生看着显示器说："胚胎发育状况良好。"听到这儿，我激动得手一撑，猛地坐了起来，像一个没头没脑的丫头片子一样，忙问："在哪？在哪？"那种激动的表情把旁边的医生都逗乐了，医生笑着说："我的天，你慢点，这哪像个孕妇呀，快躺下，还没让你看，怎么激动成这样？"

整整一下午，我才做完了各项常规检查，让我非常欣慰的是，宝宝一切正常。

从医院出来，我长吁了一口气，拍了拍肚子说："宝宝，怀你可真不容易呀，妈妈长这么大都没做过这么多项检查。"嘻嘻，嘴上虽这么说，我心里却乐呵呵的。

笨妈育儿经

准妈妈需要去医院做全面检查，第一次是怀孕满3个月，也就是14周的时候。医生会在这次产检中确定有胎心后，要求孕妇做抽血化验等检查。在28周以前，每四周去医院检查一次；28周以后每两周检查一次；36周以后则每周检查一次。一定要谨遵医嘱，做个细心的准妈妈哦！

5

准爸爸胎教，鬼话连篇

宝宝在肚里一天天长大，我当妈妈的幸福感也越来越浓。

孕期里，老公不允许我长时间上网，每天晚上，早早就打发我上床。睡不着没事干时，我就会拿一本故事书消磨时间，边看边给肚子里的宝宝讲，这就是我自创的"胎教"。有时，老公也怕我太无聊，就经常故意说一些搞笑的话逗我乐。

准爸爸胎教：宝宝，快出来，爸爸让你住大房子

我绘声绘色地给肚里的宝宝讲故事时，老公笑着说："你讲的这些都不好听，宝宝也不一定喜欢，而且你的嘴和肚子离得那么远，宝宝能听到吗？瞧我的……"老公把脸贴在我肚子上，认真地说："宝宝，你听到爸爸说话了吗？你在里面害不害怕？你一个人蜗居在你妈妈那一室一厅、又黑又小的房子里孤单不？快出来，爸爸让你住大房子！"

准爸爸胎教：自称"故事大王"

有一次我给肚里的宝宝讲故事，刚讲了两句，老公就在一旁哈哈大笑。

我纳闷地问："你笑什么？"老公说："你那叫讲故事吗？叫念经还差不多，给宝宝讲故事要声情并茂，并且故事还要新颖有创意才行。"我说："嗬，你能耐大，你来讲。"老公不屑地说："我讲就我讲，我是谁，人

称'故事大王'，故事随口就来！"

刚夸完海口，他就愣住说："嗯，我想想要讲什么呢？"

我狂倒……

准爸爸胎教：讲故事，说我是妖怪

一天，老公胎教讲故事时，又轻轻拍拍我的肚子，咳嗽两声，然后一本正经地说："宝贝，爸爸今天要讲的故事是关于一个女人的。你要认真听，爸爸可不会讲第二遍，这风险太大了。"说完又清了清嗓子说："从前，从山里来了一个女妖怪，她长得还不错。后来，有一次她出去吓人，碰见了一个英俊潇洒的男人，之后她无法自拔地爱上了这个人，并且和他结婚了，再后来就有了你……"我越听越觉得不对劲，原来这个臭准爸爸在变着法地丑化我、美化他，我汗，我一定要打倒他！

老公胎教，没教会肚里的宝宝什么，却把我一天逗得乐翻了天。那段时间，虽然这个小家伙还没出来，但是却因此给我们的生活带来了无限的快乐。

那么，如何让孕期的生活不无聊呢？我给自己如此安排：

1. 闲暇之余写写怀孕日记；

2. 看看育儿书籍，学学育儿知识；

3. 听听音乐，放松心情；

4. 给肚里的宝宝讲讲故事、唱唱儿歌；

5. 每天早晚都带肚里的宝宝去散步，边闲逛边给宝宝讲一些高兴的事；

6. 有闲情逸致了，学学煲汤和做好吃的菜，趁机恶补一下厨艺。

笨妈育儿经

孕期最简单的胎教就是和宝宝聊天、讲故事。但要注意的是，和胎宝宝聊天时一定要保持心情愉悦，多跟宝宝说一些高兴的事。当然也可以给宝宝背唐诗、唱儿歌等。如果准爸爸有时间的话，也可以加入进来，一起感受新生命带来的幸福！

6

孕期趣事（一）：猜猜宝宝，
像爸爸还是像妈妈

▲ 玩具拼图——可爱十足的小熊一家，希望宝宝出生后，我们一家也能如此可爱、幸福下去。

怀孕期间，保持愉悦的心情对孕妈妈来说很重要，所以要善于和人沟通，分享自己的情感和心事。这个时候不妨做一个小鸟依人的小女人，与老公保持亲昵的交流，这会让你在孕期享受到恋爱的感觉，同时体味到当妈妈的幸福。

在我怀孕期间，老公对我的肚子是"情有独钟"，爱搂、爱摸、爱听。另外，在闲暇之余，我们还经常猜想宝宝的长相，是像爸爸多一些，还是像妈妈多一些呢？

猜猜宝宝一：老公自夸自己帅，却被我说成是"蟋蟀"

我说："老公，你说宝宝长得会像谁呀？"老公说："可能会像我多一点！"我问："为什么？"老公答："因为我长得比较帅。"我说："你就自恋吧。你哪里长得帅？"老公说："总体上都帅。"我不屑一顾地回答："我看你是蟋蟀。"

猜猜宝宝二：我夸自己鼻子高，老公却说高有什么用，是歪的

我说："宝贝肯定像我一样，鼻子高高的。"老公说："鼻子高有什么用，还是个歪的。"我说："你鼻子才是歪的呢。"我很不自信，拿着镜子照来照去，看鼻子到底歪在哪里。这时，老公笑了，得意地说："我说你怀孕后变傻了吧，你还不承认，我说是歪的就是歪

的呀？"

一天就这样和老公争一些无聊的事，不过争来争去倒是很开心。

坏坏爸平时喜欢喝啤酒，有那么一点啤酒肚。我经常督促他减肥。某天下班后，坏坏爸看了一眼我的肚子，兴奋地对我说："老婆，我有一件喜事要告诉你。"

我惊奇地问道："什么喜事？你升职了？发奖金了？中奖了？"

坏坏爸淡定地说："你就是个财迷，我说的事比这些更有意义。"

我迫不及待地追问："什么呀？快说！"

坏坏爸无比自豪地喊道："你的肚子终于比我的肚子大了，我不用减肥了，还是宝贝向着我，我终于翻身啦！"

我无语……

 笨妈育儿经

孕晚期，孕妈妈肚子会一天比一天大，行动也不方便了。在怀孕前两个月里，一定要提前整理一下居室环境，以方便怀孕后的行动：把可能绊脚的物品重新归置，留出最大的空间；经常使用的物品要放在你站立时方便拿取的地方；在卫生间及其他易滑倒的地方加放防滑垫；在马桶附近安装扶手，这会让自己在孕晚期上厕所时更加方便、安全。

7

孕期趣事（二）："宝宝"饿了要吃饭

怀孕期间，我特别能吃，没有一点孕期不适，是个幸运的准妈妈。

有一天，老公看我狼吞虎咽的吃相，笑着说："哎，瞧以前把你可怜的，吃这个怕发胖，吃那个怕长肉，哪怕馋得流口水，都不敢吃一口。现在怀孕了，终于可以找理由胡吃海喝了。慢点吃，咱不是在旧社会，吃完了还有……"

夜里，我睡了一觉后，又感觉饿了。于是，我摇了摇躺在身边的老公："亲爱的！宝宝说他好饿，你做点吃的去吧。"

这时，睡得糊里糊涂的老公应了一声："怎么了？"

我又重复了一遍："快起来做饭去，宝宝说肚子好饿。"

老公迷迷糊糊地回答："宝宝都饿了，你还不赶紧给宝宝喂奶？喊我有什么用，我又没奶。"

我一听，差点笑喷，用脚蹬了一下他的屁股说："你睡傻了？宝宝还在我的肚子里，我怎么给宝宝喂奶？"

这时，老公似乎才清醒了一点，连声应道："哦……哦……睡晕了，睡晕了。"说完起身给我做饭去了。

在整个孕期里，我很庆幸自己没有任何妊娠反应，可以说是胃口倍儿棒，吃嘛嘛香。半夜里经常会喊饿，这时老公会给我下一碗清汤挂面，幸福的孕期生活让我很享受。

笨妈育儿经

孕期中的准妈妈最好采用少食多餐的进食原则，这样不仅可以减轻腹部不适，还能有效控制孕期体重。夜间，准妈妈可以在床头准备些小点心，以便能随时享用，但小点心一定要尽量选择营养高且热量低的。

8
待产包 = 产后用品 + 宝宝用品

▲ 待产包中，给宝宝准备的小枕头。

转眼间，宝宝在我的肚子里已经待了八个多月了，每天看着一点点鼓起的肚子，我心里有一种从来没有过的幸福感。

没事的时候，我开始一遍一遍地整理着待产包，生怕遗漏了什么，下面就来晒晒我的超级待产包吧！

我为自己准备的产后用品：

1. 吸奶器 1 个。帮助催乳，减轻乳房胀痛。

2. 哺乳文胸 2 个，防溢乳垫 1 盒。

3. 束腹带 1 个。产后体形修复，帮助减肥。嘻嘻！每个女人都爱美嘛。

4. 内裤 4 条，产妇卫生巾 2 包。

5. 前开口棉质长袖睡衣 2 套。

6. 软底拖鞋 1 双。

我为刚出生的宝宝准备的用品：

1. 纯棉质前开口睡衣 3 套。

2. 婴儿润肤膏 1 盒。

3. 纸尿裤 1 包。

4. 奶粉 1 包（防止宝宝刚出生，妈妈没有及时开奶，所以还是备一包比较保险）。

5. 奶瓶 1 个，婴儿喝水杯 1 个。

6. 宝宝的小枕头 1 个。

7. 小盆 2~3 个。用于宝宝洗屁股，妈妈擦拭乳头。

8. 小毛巾 4~5 条。可以用作宝宝的围嘴，也可以用来擦汗。

9. 小凉杯 1 个。宝宝喝奶需要 40 摄氏度的水，最好用一个专用的杯子晾些白开水，不建议用矿泉水给宝宝冲奶。

10. 湿纸巾 1 大包。其实，湿纸巾除了给宝宝擦便便用之外，用途很多，要准备一大包。

11. 爽身粉 1 盒。不要常用，但偶尔可以用。

另外，我还有好多乱七八糟的小东西，有的我已经记不清了。总之，一个超大旅行包都装满了，嘻嘻……还算是一个细心的准妈妈吧？

眼看着预产期越来越近，我心里有点紧张。晚上吃饭的时候，我又和老公聊起了生宝宝的事。

我说："老公，再有几天宝宝就要出生了。"

老公说："是啊！我知道。"

我说："我有点紧张。"

老公说："紧张什么？怕你那张难看的脸吓着宝宝？"真是气人的老公。

最后，我还是担心地说："听说生孩子好痛哦！"

老公说："一点都不痛。"

我说："你怎么知道，难不成你生过？"

老公夸口说："那必须的，哥从小到大什么事没经历过！"

哈哈！我无语中……

笨妈育儿经

准妈妈在孕中期就应该开始准备待产包了，这样不但有充裕的时间和精力慢慢准备，而且也不会因突发状况在入院时搞得手忙脚乱。那么，对于准妈妈来说，待产包里都有些什么呢？准妈妈平时可以上网查查，或找些书籍看看，再结合自己的实际需要来准备，这样应该就很齐全了。

9
雷人：临产前还惦记着去旅游

我的预产期是 5 月 12 日。

此前，我早早就和老公商量过，一定要在临产前出去旅游一次。离预产期还有近两个礼拜，产检时医生建议我住院，我却没有住院的打算，因为我还挂念着"五一出游计划"呢，够疯狂吧，生孩子前还惦记着出去玩。

在我的胡搅蛮缠下，终于说服了医生和婆婆没住院，挺着大肚子得意地回家了。说来也怪，回到家后，肚子没有任何反应。吃完晚饭，我大大咧咧地往沙发上一躺，休息了一会儿，就乐呵呵地去睡觉了。因为第二天就是五一，一想到老公休假了，终于能陪我出去玩了，我心里顿时美滋滋的。

凌晨 3 点，肚子突然微微有点疼痛，我推推身旁的老公说："老公，我肚子有点疼。"老公睡得稀里糊涂的，伸过手摸了摸我的肚子说："没事老婆，睡吧，我给你揉揉。"过了一会儿，我又浑浑噩噩地睡着了。凌晨 5：30，我又醒了，肚子比先前的疼痛稍微加剧了一些。此时，我才预感要生了，赶紧下床洗脸刷牙，准备收拾好了去医院。

这时，正好婆婆起来上厕所，她看我在洗手间刷牙，奇怪地问："你今天怎么起得这么早？"我边刷牙边说："我肚子有点疼，是不是要生了？"婆婆忙对熟睡的坏坏爸喊："她都说肚子疼了，你还睡，真不像话。"老公听到喊声后，慌忙起床。接着婆婆又去喊公公，一家人这才急匆匆赶往医院。

笨妈育儿经

我是一个爱玩的人，在临产前也不忘做一些雷人的事。五一前还和老公计划假期去哪玩，想着不能错过这个假期，要不生完宝宝一个月之内都不能出门了，那样多闷呀，笨丫头真是把临产当成儿戏了。不过提前看到宝宝的感觉也不错，嘻嘻！

10
顺产"奥运宝宝"

5月1日，早上7点多，我挺着肚子，在家人的陪同下到了医院。

办理完住院手续，医生给我做了几项产前检查。后来，我每隔十分钟疼一次，便让老公去喊护士，护士检查完后说："再等等吧，应该没那么快，宫缩间隙在两分钟一次时，才能进产房待产。"

等护士走后，我抱怨说："这要等多久才能到两分钟一次呀，折磨死我了。"

为了分散我的注意力，老公不停地给我讲笑话。每当疼痛来临时，我就掐老公，他疼得呲牙咧嘴地说："呵呵！我是看出来了，你这是趁机报复。"

到中午11点多，护士才给我下了进产房的"圣旨"。进产房后刚躺下，医生就问我："顺产还是剖宫产？"我果断地说："坚决顺产。"医生听后高兴地说："好勇敢的妈妈，加油，一定会很顺利的。"

在生宝宝的过程中，我实在疼得受不了了，就用大喊来缓解疼痛，而医生却说："尽量不要喊，你早上又没吃饭，大喊容易消耗体力，不利于顺产。"没办法，当时再疼也只能听医生的。经过艰苦的顺产，宝宝终于出生了。

躺在病床上，看着刚出生的小宝贝，我感觉满满的幸福溢上心头，还傻傻地问自己："稀里糊涂怎么就当妈妈了，好像在做梦一样。"

记得怀孕后，我每次挺着大肚子去哥哥家，小侄子都会高兴地问我："姑姑，姑姑，你是不是要生一个奥

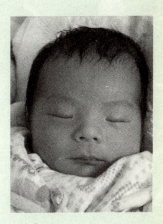

▲ 刚出生几天的小宝贝，安静地睡着了。

运宝宝啊？"嘿嘿！08年人人都喜谈奥运，就连五岁的小侄子也知道奥运年生的宝宝就是"奥运宝宝"！

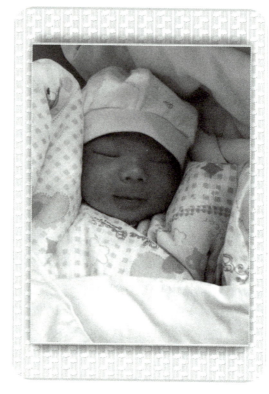

▲ 刚出生的小家伙，每天还是花最多的时间在睡觉上。

笨妈顺产小秘籍：
在宝宝快出生的前两个月里，孕妈妈的身子会越来越重，但我很少赖在床上，只要身体没有什么不适，我就会去爬楼梯、散步。从我的亲身经历来讲，准妈妈不爱运动，顺产时宫颈口会开得很慢，疼的时间也会久一些，所以说，产前运动很重要！

11
在老公的指导下开始第一次哺乳

▲ 孕期在孕婴店里买的这款斜交叉式哺乳文胸，穿起来很舒服，哺乳也非常方便。

生完宝宝，我在观察室待了两个小时后转到了母婴病房。

当时，老公对我说的第一句话是："美女，恭喜啊，你终于从准妈妈荣升为名副其实的妈妈了，以后可不要跟宝宝抢吃抢玩，要注意形象了！"听得我心里乐呵呵的。

下午，医生查房时，老公冲了30毫升的奶粉正准备给宝宝喂。医生看到此情景后，赶紧问："怎么你没奶水吗？"我傻傻地回答："好像没有，有了就会流出来吧。"医生看到我无知的样子，很无奈地说："快给孩子喂啊，要让孩子多吸吮，奶水才能多起来！"

都当妈了，竟然不知道给宝宝喂奶，真是笨到家了。当我正在心里数落自己时，老公已经把宝宝从小床里抱了出来，正等着我给宝宝喂奶呢。

可当我伸手去抱这个小不点的时候，又怯生生地把手缩了回去，原因简单得离谱：看见宝宝那么小，又是如此的"软"，我竟然不知道该怎么去抱，现在想起当时自己的笨样都觉得有点好笑。

最后，在老公的指导下，我才顺利地完成了第一次给宝宝喂奶的光荣任务。真没想到，他一个大男人竟然比我还细心。看着小家伙在我怀里一口一口香甜地吃着，我仿佛才真正找到了当妈妈的感觉，那种幸福感直入心底。

抱着宝宝，瞅了一眼身旁的老公，我不好意思地笑了。

 笨妈育儿经

产后要多给宝宝吸吮，以免错过了最佳开奶时间。医生告诉我："只有在产后尽早让宝宝吸吮乳头，才会刺激乳头的神经末梢，产生泌乳素，使乳腺细胞分泌乳汁。吸吮的次数越多，乳房排得越空，分泌的乳汁就越多。相反，如果不吸吮乳头，乳房就会停止泌乳。"

12
乖宝宝被取名"小坏坏"

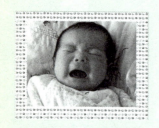

▲ "我要为我的名字抗议，
我看着一点也不坏啊！"

宝宝生下没几天，就迎来了一件大事——取名！

出院前要办理出生证明，宝宝没个名字怎么行呢？在怀孕的时候，我经常做梦怀的是女宝宝，所以女宝宝的名字倒是起了好几个。宝宝出生后，医生对我说："恭喜，宝宝一切正常，是个男宝宝。"听到"男宝宝"这三个字时，我都有点不敢相信，还以为抱错了呢。这样，提前起的名字就都用不上了，还得重新起。

住院期间，医生提醒过我们几次，要尽快给宝宝起名字，说出院前出生证明上要填写。可我和老公想了两天，也没想出什么好名字。

我便说："宝宝出生在五一，临时先叫——一吧！"

老公傻笑了一下说："不好，没一点创意，叫'小坏坏'吧，不但个性，而且还不会有太多的重名。"

我惊讶地说："小坏坏？"

当我刚重复完一遍，婆婆就持反对票了，坚决不同意把她的乖孙孙叫作"小坏坏"。嘻嘻，有人和我在一条战线上了，少数服从多数，最终"一一"这个小名被顺利征用了。

后来，我喜欢在网上记录一些宝宝成长的小故事，索性就用了老公给宝宝起的"小坏坏"作为网名，慢慢地，越叫越觉得这个名字别有一番味道，"坏"中透露着一股淘气可爱劲！

哈哈！我和坏坏爸心中的宝宝就叫——"小坏坏"！

13
吃喝拉撒睡：围着孩子团团转的笨妈

有了坏坏，我再也不能像以前一样当甩手掌柜了，他的吃喝拉撒我得全权负责，"妈"字当头，怎敢怠慢？某天晚上，我被坏坏折腾了N次，早上实在累得不想起来，可坏坏醒来后，饿了就开始"哇哇"大哭。这时，我紧闭着困倦的双眼，有气无力地说："儿子啊，你放妈妈一马，让我再睡一会儿行吗？"

看到我的懒样，躺在旁边的坏坏爸抱起坏坏故意说："宝贝啊，爸爸抱，饿了吧，爸爸给你冲奶去，懒妈是指望不上了，不过我们也不能抱怨，谁让她是你妈我老婆呢，我们认了。"坏坏爸故意用冲奶粉喝吓唬我，他知道我不同意给宝宝喝奶粉的。

坏坏是纯母乳喂养，无论白天还是晚上都得由我亲自上阵。每天早上起床的第一件事，就是先给小人儿换尿不湿，这小家伙晚上吃得多尿得也多，早上换下来的那片尿不湿总是沉甸甸的。

换新的尿不湿之前，我得先给小人儿洗屁屁，洗完屁屁再抹点婴儿润肤油，一步一步都得细心呵护，用坏坏爸的话说："宝贝儿，你的屁屁比你妈的脸还难护理啊！"

平时，我很注重坏坏的卫生情况，他每次尿尿或拉屎后，我都会给他洗屁屁，还会做一些特殊护理，这有效避免了宝宝红屁屁的出现。

笨妈育儿经

小坏坏的吃喝拉撒睡，真的让我改变了不少。那段时间，我每天都会耐着性子，认认真真地给小坏坏护理完小屁屁，再给他穿衣服、擦脸、喂奶。有时候，还没等这一连串的程序做完，小人儿又拉了，我又不得不重新给他换尿不湿，洗屁屁……经常是一上午都在重复做这些事情，真应验了那句老话：一把屎一把尿把孩子拉扯大！

14
笨妈笨事（一）：喂奶时睡着了

从医院回来后，我的头等大事就是安心老实地坐月子。可我偏偏就是躺不住，有时逮着机会还想上会儿网。

坏坏外婆经常打电话说："你别太任性了，坐月子很重要，多卧床休息，别经常下来走动，要多吃点，注意保暖……"

坏坏外婆说了一大堆注意事项，但我经常在听坏坏外婆的叮嘱时，一边接电话，一边敷衍了事地答应着。挂了电话后，我还是依然如故，白天不好好休息，还贪玩，一到晚上就扛不住了。小坏坏一晚上要吃好多遍奶，哪怕我睡得再香，哪怕再困，小坏坏一饿，我也得起来喂奶，都是爱玩惹的祸。

有一天晚上，坏坏饿了，醒来后直哭。我没办法，懒懒地爬起来，揉了揉眼睛，抱起坏坏喂奶，喂着喂着，我又犯困了，靠在床头睡着了。

半夜，坏坏爸起来上厕所，开开小灯后，他吓了一跳，接着又笑了，边摇我，边说："你不简单啊！真有功夫，抱着宝宝喂奶，自己都能睡着！"

这时，我才睁开困倦的双眼看了看怀里的坏坏，他嘴里还含着乳头呢。天啊！在我无意识的情况下，坏坏吃饱后自己安静地睡着了，我呢，也睡着了，抱着他、歪着脑袋，背靠着床头睡得香香的，竟不知道睡了多长时间了！看来，我真是雷妈一个！

笨妈育儿经

母乳喂养的妈妈一定要注意，每次给宝宝喂奶时，两边的乳房都要让宝宝吮吸。如果一次只喂一边，乳房受的刺激减少，泌乳自然也就会慢慢减少。有些宝宝可能食量比较小，吃一只乳房的奶就够了，这时不妨先用吸奶器把前面比较稀薄的奶吸掉，让宝宝吃到比较浓稠、更有营养的奶。

15

笨妈笨事（二）：给坏坏"吹屁屁"

有一次，坏坏突然拉肚子，并且不到半小时就会拉一次，这一拉一洗几次下来，那嫩嫩的小屁股就已经通红了，像掉了一层皮一样，看得我心疼不已。

平时，不管坏坏是尿了还是拉了，我都要迅速地打一盆温水给他洗一洗，小心翼翼地呵护着他那每一寸细嫩的肌肤。这次给他的小屁屁擦完爽身粉后，我还是不放心，每隔一会儿就忍不住扒开他的小屁屁查看一番。突然，我灵感乍现，想出了一招：给宝宝"吹屁屁"！

自创奇怪的"吹屁屁"原理是：宝宝拉的次数太多，导致屁眼周围总处于潮湿状态，时间一久屁屁就发红了。我想，如果让发红的屁屁尽快好起来，就得保持屁屁处于干爽状态。

那么，怎么才能让屁屁处于干爽状态呢？我独创一怪招：扒开坏坏的小屁屁吹一吹，让他的屁屁周围保持"通风"的状态，这样就能很快干爽了。

当我的头几乎贴着坏坏的小屁屁时，坏坏爸进了房间。他先用白眼扫了我一下，那目光异常怪异。接着奇怪地问："你在干什么呀？"我急忙回答："给宝宝吹屁屁，你没看到他的屁屁都淹红了吗？我让他的屁屁通通风。"

听完我的解释，坏坏爸摇头摆脑地问："吹屁屁？你这方法倒很新颖，不过你吹的时候，别把脸贴得太近，小心坏坏拉你一脸。"他一边调侃我，一边忍不住哈哈大笑。

笨妈育儿经

婴儿的屁屁经常会发红，这和天气热、皮肤嫩都有关系。所以，为了避免宝宝的屁股处于潮湿状态，最好用棉质的尿布或者吸水性好的纸尿裤。再就是要注意宝宝屁屁的清洁，洗完之后，可以擦点婴儿润肤油之类的护肤品。还有就是我发明的笨招，可取不可取就看妈妈们的选择了，呵呵。

16

笨妈笨事（三）：给坏坏按摩

　　书上说给婴儿按摩，不但能促进婴儿的消化和排泄，还能提高婴儿的集中力和创造力。于是，我这个笨妈又一次"出手"了，开始学着给小坏坏按摩。

　　一天，小坏坏洗完澡后，我看他情绪不错，于是心血来潮，想在他的小身板上试试按摩。我把坏坏平放在床上，手上涂抹了一点婴儿油，搓了搓手掌，虽然很不自信，但我还是情绪高涨地给小坏坏服务了。

　　当时，我完全没有经验，只是粗略地看了一些关于婴儿按摩的资料，就先拿他的腿做了一下示范：两手握住那肉墩墩的小腿，轻轻抖动了一下他的小脚踝和大腿内侧。

　　刚开始，小人儿还挺高兴，一副很享受的样子！做了大约5分钟，坏坏居然打起了哈欠，想要睡觉。我微笑着逗他说："宝贝，马上就按摩完了，这可是妈妈第一次给你服务哦，给点面子，再坚持一会儿。"我话音还没落，手又不知轻重地把小家伙按疼了，他小腿使劲往回一缩，委屈得"哇哇"大哭，我只好住手了。

　　我朋友的孩子和坏坏一前一后出生，有一次，她在网上看到我给坏坏记录的日记后，就打电话来，问我一些宝宝的护理常识。每次她一打电话，坏坏爸就取笑我说："没想到，昔日的笨丫头，如今也翻身了，竟然成了育儿达人，汗啊，看来世事一切皆有可能！"

笨妈育儿经

　　给宝宝按摩的过程中最重要的就是母爱的传递。妈妈用手给宝宝按摩，可以自然传递母爱，同时宝宝通过和妈妈的皮肤接触，也会找到一种安心的感觉。但要注意的是，给宝宝按摩一定要在宝宝心情愉悦的情况下进行，并且把时间控制在10~15分钟之间。

17

笨妈笨事（四）：第一次给坏坏洗澡

坏坏刚出生时，体重 3.2 千克，身长 52 厘米。

在医院的那三天，护士每天都会把小人儿抱去洗澡，洗完换好衣服再送回来，一切都不用我操心。出院后，小人儿的衣食起居都得由我来照顾，照顾他的第一天，我就遇到了一个艰巨的任务：给坏坏洗澡。

还记得第一次给坏坏洗澡，抱他入水时，我的手都有些发抖，笨手笨脚地慌了神。生怕水温不适合或自己手忙脚乱吓到他。说到底是我这个当妈的不自信、害怕紧张的原因。

最后，用了十二分的认真，我终于把小家伙顺利地放进了水里。让我意外的是，他不但没哭没闹，反而显得很享受，我这才放下一直悬着的心。

顺利入水算是成功了一半，接下来就是怎么给他洗了。看着坏坏那"软乎乎"的小身体，我又乱了方寸，笨得迟迟不敢下手，生怕一不小心，指甲划到他粉嫩的皮肤。还好，坏坏从一开始就很配合，躺在浴床上一直很认真地看着我。我的心也没那么紧张了，边跟他说话，边用手轻轻地抚摸他的肌肤，终于很顺利地完成了第一次给宝宝洗澡的任务。

真没想到，平日里风风火火、毛手毛脚的我，当妈后对待孩子却有了耐心。不过，想要伺候好这个小人儿，可不是一件容易的事，育儿的路才刚刚起步，笨妈还需努力。

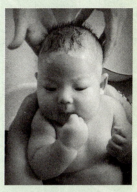

▲ 洗头时可以用左前臂托住宝宝的背部，左手掌托着颈部，注意不要让水灌到宝宝的耳朵里去。

 笨妈育儿经

天热时，小宝宝最好每天洗一次澡，时间上一定要安排合理，最好在上午喂奶之前或晚上睡觉之前进行。这样宝宝洗完后，喝点奶就可以安静地睡个好觉了。另外，给小宝宝洗澡，时间最好控制在 10 分钟左右，随着宝宝年龄的增长，洗澡时间也可相应延长。

18
当妈后喜欢宝宝的 "骚扰"

坏坏是一个很讨人喜欢的小家伙，平时很少哭闹。他睡了我就看看书，恶补一下育儿知识。刚当妈妈的我，虽然有点笨，但我很用心。

平时不管是喂奶、洗澡、换尿不湿等都特别小心，生怕自己一不小心伤到他。我本来就已经很笨了，可不能再让自己因为粗心大意伤到他。

坏坏躺着时总喜欢把两只小手放在头顶，摆出一副"投降"的姿势。我经常笑着对他说："小可爱，你这个姿势是不是从胎里带来的，习惯了，对吗？嘿嘿！"我最喜欢他吃饱后，小手向上一摆，悠闲地躺在床上的样子，好可爱，让我都看呆了！

小坏坏哪儿都那么可爱，让我一天爱得晕乎乎的。刚出生的小坏坏，几乎每天都在睡觉，吃了睡，睡了吃，像一只贪睡的小猪，那小日子过得美滋滋的。

有时他睡了，按理说我可以好好休息一下了，可还处在热心期的我，没有了小家伙的"骚扰"，反而觉得很无聊，所以不时趴在他的旁边，一会儿摸摸他的小手，一会儿动动他的小脚，总想把他逗醒玩玩。

为此，坏坏爸经常取笑我说："你是当妈三天热，现在还在新鲜期内，等宝宝大点了，你就会整天喊着宝宝烦了。"也许正如坏坏爸说的那样，到坏坏会闹、会淘的那一天，我真的会烦他、吼他。但不管怎么样，至少现在我会用自己全部的心和爱去呵护他。

愿我的坏坏能永远健康、快乐成长！

笨妈育儿经

新生儿一天的睡眠时间平均在 15 个小时，好的睡眠有助于促进宝宝的生长发育。在宝宝睡觉的时候，应避免大声喧哗，不要在宝宝的睡房里看电视；另外，宝宝的房间室温应保持在 20℃ ~24℃，过低或过高都会使宝宝感到不舒服，从而影响睡眠质量。

19
坐月子偷偷上网

在怀上坏坏的时候，坏坏爸就开始像个警察一样，严格监督我上网。

有时候，我趁坏坏爸上班走后，像做贼一样偷偷地上网。不过，我的自控能力还是不错的，每次上网的时间都很短，一般控制在半小时到一小时之间。等坏坏顺利出生后，我心想这下可以"光明正大"地上网了，可没想到坏坏爸以"坐月子"为由，对我看管得更严了。

记得坏坏出生三天后，我从医院回到家，心痒痒地惦记着上网，等哄坏坏睡着后，便迫不及待地打开电脑，准备过过网瘾，可手刚挨上鼠标，坏坏爸就站在了我的身后。

坏坏爸冷冷地说："美女，你干什么呢？"我答："宝宝睡着了，我想上会儿网。"坏坏爸白了我一眼说："想上网？"我说："是啊！好长时间没上了。"坏坏爸故意说："生宝宝的前一天，你不是还偷着上了吗？这才过了三天，怎么就好长时间了？"我还辩解说："可不是嘛，前几天宝宝还在我肚子里呢，今天宝宝都躺在床上了，这个变化过程还不够长吗？"

坏坏爸像个领导一样，黑着脸，下达了指示："不能上网，躺床上睡觉去。"我故意撒娇，说："我不困，就上一会儿吧。"可坏坏爸态度很强硬："不行，你现在是在坐月子，要好好休息，我看你怎么跟没事人一样。哎，你说你这样子，怎么能当好一个妈妈呢？"

我无话可说，只好乖乖地躺床上休息去了。

笨妈育儿经

坐月子对一个女人来说很重要，可别像我一样不当回事哦！女人生完宝宝后，子宫需要6周时间才能恢复到接近非孕期子宫的大小。所以，坐月子期间一定要多卧床休息，就算不想睡也得躺着，也可以偶尔活动活动，但时间不要太长。如果产妇在月子里干重活，还容易患上子宫下垂等疾病。

20
女人坐月子千万不能我行我素

说到坐月子，我想起长辈们常说的一句话："女人坐一次月子，就等于生命的又一次重生，稍稍不注意，就会落下一身的病根。"如此看来，要坐好一个月子，可不是一件简单的事。

当听到有人说，月子里不能洗头发、不能刷牙、不能吹风、不能早早下床活动等，我着实吓了一跳，这叫坐月子吗？怎么听着像坐牢，一个月不洗澡、不洗头，那还不发霉了？想到这儿，我告诉自己：我的月子生活绝对不能如此。

生完坏坏的第二天，我便下床活动了，当时医生看到我在走廊里走动，还高兴地对我说，产后多运动是正确的。但有一点要注意：活动可以，避免疲劳。至于洗澡嘛，洗完了，不要进入通风的环境就行，别用吹风机吹头发，最好用干毛巾擦干，更要记住绝对不能坐浴；刷牙时要用温水，不可用冷水刷牙等。

我在月子里唯一没有注意到的就是穿衣，没及时保暖，经常一身短袖短裤，不知道适时增减衣服，导致现在天一凉就有点膝盖痛的毛病。

所以说，有时候不要过于我行我素，一方面听听长辈们对坐月子的看法，另一方面多看看书查查资料，将传统坐月子和现代坐月子两种观点相结合，能取长补短地坐月子，这样一定不会落下月子病。

笨妈育儿经

在月子里，一定要明白什么事可以做，什么事不可以做。我就是想当然地以为自己身体很好，一些小细节没有注意，才落下了一些病根。但我要强调的是，传统月子虽然有一定的经验之谈，但像那些月子里不能洗澡、不能刷牙的观点，是绝对不可取的。

第二章

0~1岁：
吃喝拉撒是一件麻烦事

● 满月耍酷　● 早教　● 辅食

● 产后分离　● 长牙

1
出生仅 12 天的宝宝经历地震

2008 年 5 月 12 日，汶川发生了强烈地震。

地震那天，我在西安，震感明显。还记得地震来临时，我正在床上逗坏坏玩，给他哼歌谣。小坏坏瞪着那双炯炯有神的大眼睛望着我，时不时还冲我微笑一下。突然间，卧室书柜上的书一本本地往下掉，我一愣神，猛地反应过来是地震了。

当时，我被那可怕的情景都快吓傻了……

这时候，坏坏爸冲了过来，一只手抱着小坏坏，一只手拉着我就往屋外跑。事后，我回想起当时的情景都特别害怕。5 月 12 日那天，小坏坏出生仅仅 12 天；按正常的孕周期计算，"5·12"地震当天，刚好是我临产的日子，万幸的是小坏坏提前 12 天出生了。

随后，我才在电视里和网络上得知汶川发生了大地震。当看到震后那一幕幕感人至深的画面、悲痛欲绝的情景时，我的心情万分复杂。那时，我常常看着安静熟睡的小坏坏，感叹生命的脆弱，感叹我们的幸运。

在经过那场地震后，我在心里暗暗下定决心：在小坏坏慢慢长大的日子里，我一定要把地震中的感人故事讲给他听，教他做一个有爱心、懂得感恩的孩子！

坏坏出生 12 天后就经历了"5·12"地震，这是他生命中的第一次洗礼。而经历了"5·12"地震的惊恐瞬间，我也更加懂得了生命的可贵！

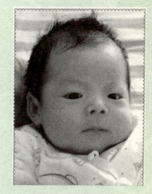
▲ 对小宝宝来说，天热的时候穿婴儿连体服更凉爽舒适。

▲ 用儿童发型定型啫喱
给宝宝做的新发型，
是不是很酷？

笨妈育儿经

满月后，我给坏坏传了几张照片到网上，引来了很多妈妈的提问："坏坏满月怎么没给剃胎发呢？胎发究竟要不要剃？"一些地方会有这样的习俗，认为满月后将宝宝的胎发甚至眉毛全剃掉，将来孩子的头发、眉毛才会长得又黑、又密。其实，专家认为，"满月剃胎发"是毫无科学依据的。

2
宝宝的新造型：满月耍酷

喜欢折腾，是我当丫头时的一贯作风。

当了妈妈后，我还是那样喜欢折腾。自打生下坏坏后，我每天都变着花样地打扮他，有时还会费尽心思地想着怎样才能把坏坏打扮得酷酷的，抱他到哪儿都能吸引别人的眼球。哈哈，有那么一点虚荣心，也许这是80后妈妈的一个"时髦通病"。

当然，让坏坏耍酷，我也费了一番心机。

坏坏满月时，我为了让他以全新的造型亮相，特别精心准备了一番。那天，我一大早起来，给坏坏换好了衣服，便琢磨着为坏坏换发型。

婴儿的头发本来就软，怎么梳都达不到预想的效果。最后，我干脆找来了定型水，给手上稍微喷了一点点，然后抹在了坏坏的头发上，再用柔软的梳子把他的头发轻轻地梳竖起来。造型成功后，看起来酷劲十足！

当我为坏坏做好头发造型后，坏坏爸进来了。他先是用奇怪的眼神打量了坏坏几眼，才惊奇地发现：坏坏的发型变了！然后，坏坏爸对我说："你可真能折腾，不过还不错，小贝头，蛮酷的！"我得意地回答："那必须的，这可是我精心设计的满月造型。"后来，抱坏坏去满月宴上，又受到了亲朋好友的称赞，这又让我小小得意了一把。

不过要提醒新妈妈们的是，如果要让宝宝耍酷和漂亮，有的东西给宝宝用之前，一定要仔细看说明，不要图一时之"酷"，让宝宝的健康受到伤害哦！

3
第一次上早教课

小坏坏两个月大的时候，我给他报了早教体验课。

早教课的内容很丰富：先是测评，再是体能训练、感知音乐等。

当时，早教老师看到坏坏，喜欢得不得了，一会儿过来逗逗他，一会儿给他拿好玩的，小家伙一点也不觉得陌生，很快就适应了环境。看着五彩斑斓的教室，坏坏很兴奋，使劲蹬着他的小腿。

在那次上体验课的十几个宝宝里，坏坏竟然是最小的一个。当时，我还担心他会闹，没想到这个小不点整堂课表现得很"淡定"，着实出乎我的意料。

很快，45分钟的课程结束了。我抱着坏坏说："宝贝儿，今天表现不错，顺利上完了人生中的第一堂课！"

说完，我在坏坏脸上亲了一下，这时小家伙望着我，竟咧着嘴笑了一下，似乎听懂了我在夸奖他一样。

早教老师对我说："婴儿期的宝宝听力很发达，他（她）们虽然还听不懂周围人在说什么，但小小的人儿会用好奇的心去认真聆听大人说话，并在潜意识中慢慢学会模仿。所以，妈妈们平时要多对宝宝说话，多带宝宝参加活动，这也有利于宝宝智力的开发。"

第一次上早教课，我们母子都受益匪浅。

笨妈育儿经

所谓的早教，其实并不是像很多父母理解的那样去早早地学习、吸收知识，更不是一味地为宝宝培养一个特长。我认为，早教应该从情感培养、行为控制、身体素质等方面出发，培养宝宝一个良好的生活习惯和一个创新的思维方式，让宝宝的身心处于愉悦快乐的状态，这些就足以达到早教的目的了。

▲ 坏坏两个月时,这样坐着是
不是像个大孩子了?

4
给儿子洗澡,他自创"功夫操"

坏坏刚生下来的时候,特别爱洗澡,稍微大了点,似乎又很惧怕洗澡了。每次放他进澡盆时,小家伙就显得特别紧张,憋着小嘴、拳头紧握、缩起小腿,有时甚至会用哭闹来抵抗,我还在想是不是哪次洗澡吓着他了,仔细想想也没有。难道是水温不合适?可也不会呀,我一般最注意水温的调节了。想来想去也没找出原因,可能是这小子还没适应。

说到洗澡,我唠叨几句,谈谈给坏坏洗澡的经验和总结:

注意事项一:水温要适宜

很多宝宝不喜欢洗澡的常见原因是:洗澡水太热、太烫。3个月前的宝宝,皮肤正值敏感期,对水温刺激反应比较强烈。妈妈觉得热,宝宝就觉得烫了,宝宝被洗澡水烫过后,会害怕洗澡。宝宝喜欢的洗澡水水温是:夏天37℃~38℃,冬天39℃~40℃。

注意事项二:不让洗发露和洗澡水流到宝宝眼睛里

一般来说,给宝宝洗澡时,一定不要让洗发露和洗澡水流到宝宝眼睛里。宝宝对流到眼睛里的任何液体都十分不喜欢,有的宝宝甚至还讨厌水溅到他的脸上。当宝宝有了一次不愉快的记忆后,便不喜欢洗澡了。

3个月时的坏坏,皮肤粉粉的,身上肉肉的,洗完澡更是白里透红。他虽然洗澡会哭,但每次洗完后心情都很愉悦，有时躺在床上还会来几段"功夫操"。

哈哈，小坏坏的"功夫操"纯属自创，特别有意思，那小拳头抱成团，猛力出击，小脚很有劲地朝天踢几下，好像在打拳一样，很逗很逗！

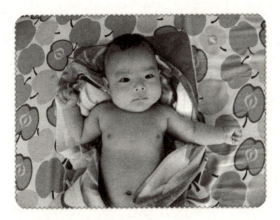

▲ 吼吼哈嘿，洗完澡了练两招。

 笨妈育儿经

坏坏每次洗澡，刚进水里时有些害怕，会紧张得哭闹。但当他洗到舒服时，便又会很享受地朝我笑，再到最后的不愿意出来，小家伙真是多变，又淘气。洗完澡，我一般会给小人儿喝点水，玩一会儿之后，他便会甜蜜蜜地睡上一大觉。

▲ 看我萌不萌？

5
育儿小妙招（一）：当"狗仔队"，偷拍小坏坏

笨妈育儿经

想给宝宝拍好一张照片，可不是一件容易的事。想让宝宝在拍照时配合，就应尽量选择他们精神状态好的时候进行，比如睡醒了或吃饱后，这个时候宝宝比较配合。再就是拍照时，我们的手脚要快一些，因为宝宝是极易疲劳的，尤其是在紧张和兴奋之后。所以说，给宝宝拍照，最好是"偷拍"，这样的效果最好。

自从生下坏坏后，我疯狂地爱上了相机。

我虽然爱拍，但坏坏却不愿意配合，每次看到我拿相机，就一副很不情愿的表情，甚至皱眉头故意不看镜头，压根不给我拍照的机会。

坏坏睡觉时，我和坏坏爸会一起翻看电子相册。一看到坏坏的照片，坏坏爸就取笑说："瞧瞧你拍的片子，100张能找出一张儿子正脸的就不错了。就你这水平，相机都让你浪费了。"哼！这不明摆着气我吗？我不服啊！为了证明我的水平不是那么差劲，我还精心策划了一场"偷拍记"。

午饭后，坏坏睡醒，吃过奶后，精神状态还不错。婆婆抱着坏坏在客厅玩，逗得他不时发出"咯咯"的笑声。此时，我悄悄溜进卧室拿上相机，从坏坏侧面装作不经意走过，以不引起他的注意。随后，我躲在客厅的角落里，关掉了相机拍照时的提示音，远远地，用镜头把距离拉近，几分钟时间，我就悄悄拍了好多张，可以说张张经典，效果很不错。

我发现，拍小宝宝的照片，在宝宝不注意时拍效果最好，他一旦注意了，照片就不那么可爱了。为此，我拍照的方式也改变了，在给坏坏拍照时，不再抢拍，而是要偷拍！

自那次拍照后，坏坏爸又送给我一个光荣称号叫"狗仔队"！

6

育儿小妙招（二）：教儿子学翻身

以前，我常听老人说"三翻六坐九爬爬"。

这是什么意思呢？老人们讲，小宝宝一般在3个月时会翻身，6个月时会坐，9个月时会爬行。

坏坏两个多月时，我带坏坏去早教中心上体验课，其间和同行的几个妈妈聊孩子生长发育时，她们也说到了关于宝宝翻身的事。

A妈妈说，她的宝宝两个月零9天的时候会翻身的，B妈妈说她的宝宝两个月零23天的时候会翻身的。我听到这里，想着坏坏还有两天就3个月了，怎么一点翻身的迹象都没有呢？想着想着，我心里有些着急了。

按理说，宝宝早翻身几天或晚翻身几天没什么关系。但由于我是第一次当妈妈，很在乎孩子的任何发育变化。回家后，我就把小坏坏放在床上，面朝下，鼓励他说："宝宝，学翻身啦！要加油哦！"小坏坏盯着我，眼神似懂非懂的，却没有一点要翻身的意思。

想一想，我也真够笨的，对一个3个月大的宝宝，光说话，他能听懂吗？我见此方法行不通，便使了一个笨招：连推带拉，助小坏坏"一臂之力"。

我的方法很简单：让宝宝趴在床上，把他的右腿搭在左腿上，再轻轻给他一点力，让他有一个翻身的方向和意识。令我没想到的是，用这个笨方法练习了几次之后，小坏坏竟真的能独自翻身了，翻身动作也很敏捷。看着小坏坏，我很欣慰，看来我的脑筋真没白动。

小坏坏给了妈妈一个惊喜：3个月会翻身的宏伟目标达到了！

儿子，
让我陪你玩着长大

　　另外，摇铃也是一款不错的玩具，在教坏坏学爬时，它可帮了不少忙。每次看坏坏趴着不动时，我就在他的前方摇一摇摇铃，他听到声音后，就会爬向前去伸手够摇铃。当然，也可以把摇铃换成水果或其他玩具等，只要能引起宝宝的注意，让他奋力往前爬就行。

▲ 摇铃是一款不错的玩具，在教坏坏学爬时，它可帮了不少忙。

笨妈育儿经

　　新妈妈教宝宝学翻身的方法有很多，除了我用的"笨招"外，还可以用玩具引逗宝宝，在宝宝身体使劲时给他一点适当的帮助，宝宝很快就能学会的。另外，在宝宝小床上方，挂几个带铃铛的小球，宝宝会好奇，老想去抓小球玩，这无形中也增加了宝宝的活动量，从而让宝宝的四肢得到充分锻炼，为翻身、学爬打下良好基础。

7

育儿小妙招（三）：宝宝，拉个臭臭吧

▲ 儿童座便器，待宝宝大一点时用。不但可以锻炼宝宝独自如厕，而且用起来方便卫生。

小坏坏从生下来就一直是纯母乳喂养，他的抵抗力很不错，从生下来到百天，几乎没有什么毛病，能吃能睡，身体倍儿棒。可臭臭（大便）呢？却让我操了不少心，不是拉得太频繁，就是拉的时间隔得太长，经常几天拉一次。

有的人说，拉臭臭少是肠胃吸收好，这是好现象。可我的小坏坏只要两天不拉臭臭，第三天再拉就特别费劲，容易造成肛裂，有几次我甚至发现小坏坏拉的臭臭上有血迹。

其实，造成宝宝肛裂的原因是：粪便在结肠内积聚的时间过长，水分被过量吸收，从而导致粪便过于干燥所致。另外，宝宝不拉臭臭，还容易引起上火、消化不良等。

在我整天担心坏坏拉臭臭的事时，小坏坏又跟妈妈较劲了，竟然又一次打破不拉臭臭的纪录：已经整整三天了！我开始急得团团转，一走到小坏坏跟前，我就不由自主地说："宝宝，拉个臭臭吧！"这句话几乎都成了我的口头禅，汗！

在第三天的下午，坏坏终于有了要拉臭臭的迹象。我有些小激动，忙跑过去，抱着小坏坏就往洗手间跑，老公在一旁调侃我说："哈哈，孩子拉个臭臭，你怎么就像捡了100万一样高兴呢？"

过了一会儿，坏坏终于把臭臭拉出来了，我开心地说："那当然，孩子的健康就是我最大的财富！"对我来说，坏坏这一次拉的臭臭，可是让我一直提着的心放下喽！

笨妈育儿经

导致宝宝便秘的基本原因就是：营养摄入不平衡、食物种类过于精细、缺水等，所以，妈妈们平时给宝宝搭配食物时，一定要比例适中。平时多给宝宝吃些含粗纤维的食物，再就是带宝宝出门时记得带白开水，随时给宝宝补充水分很重要。

8

育儿小妙招（四）：如何让宝宝
尽快告别纸尿裤

我家坏坏不到三个月时，就基本不用纸尿裤了。

在坏坏过满月那天，我带坏坏到坏坏外婆家，为了图省事，不管是白天还是晚上，我都给坏坏穿纸尿裤。当时天气很热，每次去掉纸尿裤时，坏坏外婆一见坏坏嫩嫩的屁屁潮乎乎的，都很心疼，便强行不再让我给坏坏穿纸尿裤，说我不懂得心疼宝宝。

是呀！孩子是亲生的，我这做妈的能不心疼吗？我不是怕麻烦嘛！

纸尿裤的广告说是无纺布超干爽，还特别添加了许多滋养润肤的成分，能保证宝宝屁屁整夜干爽，其实只是给妈妈们一个心理安慰而已，那么，真的能做到对宝宝皮肤一点伤害都没有吗？

在坏坏外婆强烈要求下，我去掉了纸尿裤，定时给坏坏把尿。去掉纸尿裤没几天，果然就见到效果了，坏坏的屁屁变得很干爽。

从此我开始给坏坏把尿，坏坏也很少尿裤子。起初，在宝宝玩耍期间，我经常不时对他说"宝宝，要不要尿尿"之类的话，让他在脑子里产生一种潜意识。在每次把尿、把屎时，我嘴里不停说着"宝宝要尿尿啦""宝宝要拉臭臭啦"之类的话，在坏坏完事后，我还会顺便夸奖几句"宝宝真棒，会自己尿尿（拉臭臭）了"，这样坚持下去，坏坏自然而然就养成了好习惯。3个月后，除了特殊情况，坏坏算是彻底告别纸尿裤了！

笨妈育儿经

我发现坏坏在想尿尿或拉臭臭的时候，就"呜呜"地哭两声，小人儿也精着呢。虽然每天把尿累点，但坏坏的屁屁再也不会因穿纸尿裤而不干爽了，这也省下了一笔小小的开支，我何乐而不为呢？

9
出生100天，爷孙同奏"奥运曲"

▲ 宝贝，你是在弹琴还是在找东西？

2008年8月8日，这天大清早，坏坏爷爷专门搬出他珍藏多年的电子琴说要为奥运弹奏一曲。爷爷和孙子坐在电子琴前，大手握小手弹起来！我对小坏坏的评价是："百天奥运演奏家！"为此，我为小坏坏自编了一段搞笑说词（翻版宋丹丹的）：

说起我的降生，
那与奥运有相当一部分的缘由，
自打妈妈怀上我的那天起，
就注定我是一个奥运宝宝！
预产日期是5月12的我，
却偏偏在5月1日这个全国劳动人民的节日里提前出生了，
这让所有的人记住了我的生日！
一路走来，
今天，我满百天了，
又恰巧赶上了奥运的盛大开幕！
你说巧不巧？
又是一个举国欢庆和难忘的日子，
所有人为奥运欢呼的同时，
也为我送来了祝福！
可以说，我是一个多么幸运的奥运Baby呀！
一切的一切都足以证明：我就是为奥运而生的！（掌声……）

Thank you！

笨妈育儿经

音乐可以给宝宝带来感觉上的刺激。平时，我在小坏坏哭的时候，经常给他放上一首曲子，哭声就自动停止了。这就说明宝宝对音乐还是很敏感的，而且听音乐有助于提升声音对孩子的吸引力。所以，我没事的时候，时常爱找些曲子和宝宝一起欣赏。

10
给宝宝添加辅食的三个要点

转眼小坏坏 4 个多月了，我的奶水似乎也不能满足小人儿的需求了。

这时，我开始为小坏坏选择合适的辅食了。起初，我是想给宝宝做辅食，可觉得自己的烹饪水平实在不怎么样，为了偷懒图省事，我干脆就从孕婴店买现成的。

如今，孩子喂养都讲究科学，当妈妈的再忙也得抽空学习育儿知识。我看了很多育儿书，起初也在小坏坏添加辅食上犯了难：有的书写 3 个月起添加一定辅食；有的书说 6 个月前最好纯母乳喂养，不要添加辅食等，各说各有理，搞得我一时间束手无策。

根据我的经验，我认为添加辅食要注意以下几点：

要点一：补充营养，为断奶做准备

首先，随着宝宝日益长大，母乳中的成分已经不能满足宝宝的身体所需，为了能够让宝宝健康成长，必须适时添加一定的辅食来补充母乳中营养的不足。其次，锻炼孩子吞咽、咀嚼和肠胃蠕动的能力，为宝宝断奶做准备。

要点二：添加辅食，循序渐进

起初给宝宝添加辅食应遵循由少到多、由稀到稠、由细到粗、由单一到复杂的原则。如蛋黄、菜汤、果汁、菜泥、肝泥、鱼泥、米粉等都是不错的选择，切记小宝宝在接受一种新食物的时候，需要一个循序渐进的过程，不要太多，多了会不容易消化。

要点三：实践和书本相结合

最后，我从经验中总结了一条：育儿也要遵循实践与书本相结合的道理，一定要结合自己宝宝的实际情况来制订育儿方案，不能原封不动地照搬书本，也不能一味地一意孤行。比如：奶水好的妈妈，不妨辅食添加晚一些，奶水不好的，一定要及时添加辅食。

4个月的坏坏，我主要给他喂的就是一些苹果汁和米粉。书上写第一次给宝宝喂食时，一般会被宝宝拒绝或吐出，坏坏却吃得津津有味，小嘴不时吧唧吧唧的，喂完了他还瞪个圆溜溜的大眼睛，等待下一口，真是可爱。以后我随时出去疯一把，不愁他会饿着啦！

小坏坏适应能力不错，从小照顾妈妈，轻易不给妈妈找麻烦哦！

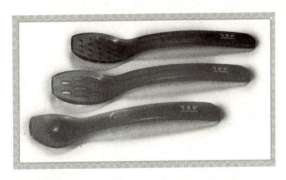

▲ 给宝宝喂饭时，勺子最好选用弧度圆滑一点的圆头勺，且材质软一些，以避免对宝宝的牙床造成伤害。

 笨妈育儿经

初次添加辅食不要太多，多了会不容易消化；不要太稠，因为宝宝从生下来就吃母乳或奶粉，稠了会不容易接受；不要太粗，这样宝宝会无法下咽，同样也不易消化；刚开始时添加一些单一的谷类食物，因为婴儿的肠胃适应能力比较差，所以每天给宝宝喂食的也不要太复杂，太复杂了容易引起肠胃不适，最好3~5天换一次。

11
坏坏第一次生病

在 2008 年的国庆节里，刚满 5 个月的小坏坏突然生病了。

5 个月来，不知道是不是母乳喂养的缘故，小坏坏从生下来抵抗力就一直不错，很少生病，包括后来的辅食添加也很顺利。看着小坏坏一点一点健康长大，我内心感到无比欣慰。

就在我沾沾自喜时，小家伙却生病了，还不是轻微的感冒之类。去医院看时，医生直接就说是肺炎，让赶紧住院。对于小坏坏这突如其来的疾病，我真有点惊恐不安。那个国庆假期，为了小坏坏，我们全家是在医院度过的。

小坏坏第一次生病，我记得很清楚。刚开始小人儿有点鼻塞，睡觉时呼吸感觉很吃力，我以为是鼻子堵了，也没在意，只是用棉签蘸了点橄榄油，给他清理了一下鼻孔，过后也没多观察。等过了一天后，小坏坏又有点咳嗽，我这才意识到坏坏前一天就已经感冒了。

于是，我给坏坏爸拨了个电话，等他回来后就火急火燎地带小坏坏去了医院。第一次带小坏坏去医院，由于我的紧张，医生问我小坏坏的近况时，我竟有点不知所云。在得知小坏坏得的是肺炎时，我更是慌神了，心疼得禁不住哭了起来。

坏坏的第一次生病，让我真切地感受到了什么叫母子连心。

笨妈育儿经

宝宝还很小，他哪里不舒服也不会用语言去表达，所以一定要做个细心的妈妈，平时多观察宝宝的细微变化。一岁之前的宝宝抵抗力都比较差，所以要注意居室环境，宝宝的卧室应简洁安静、布置优雅、阳光充足、空气流通。再就是要注意冷热护理，冬天要保暖，夏天要防暑降温，平时要根据气温的变化及时增减衣服。

12
产后上班，如何应对宝宝的分离焦虑

坏坏半岁时，我产后第一次上班了。在准备上班前，我对坏坏说："宝贝，在家听话哦，妈妈要上班了。"他瞪着眼睛不解地看着我，似乎在问："上班是干什么呀？是不是妈妈要离开了？"其实，半岁的孩子对"上班""分离"这些词根本不理解，但能从情感上，甚至从大人的动作上观察出某些细微的变化。透过那双童真的眼睛，我看到小家伙内心深处的那份焦虑感。

上班前，坏坏奶奶抱着坏坏站在门口，教他跟妈妈说"再见"。这时，坏坏那双小眼睛直盯着我，看我挎上包、穿好鞋的那一刻，他似乎觉察出了什么，"哇"地一声哭了，两只小手伸过来让我抱，他真的明白妈妈要离开了。

在离开家门的那一刻，我的心开始纠结起来，眼泪在眼眶里打转，但我还是强忍着给了坏坏一个微笑，说了几句安慰的话，狠了狠心，关门走了。我没有回头去伸手抱坏坏，因为我知道，如果再纠缠下去，只会让坏坏的分离焦虑愈演愈烈。其实，关门的那一刻，我哭了，不仅仅是担心坏坏，我也深深地陷入了这场母子分离的焦虑中。

第一天在单位，我真是无心工作，终于熬到了下班，我迫不及待地冲进家门。当看到小坏坏躺在沙发上高兴地玩耍时，我心里特别轻松，这就是一个女人当妈后最明显的蜕变！

▲ 上班的前一天，带坏坏去公园拍了 N 张照片。

笨妈育儿经

在我产后第一次上班时，我和坏坏都充满了分离的焦虑，这很正常。分离过程中，往往是妈妈的情绪影响着宝宝的情绪，所以在妈妈离开宝宝时，首先自己要坚定和坚强，在宝宝面前不要把分离情绪表现得很伤感，要向宝宝保证妈妈离开后会很快回来，从而帮助宝宝建立一种安全感。

13

长牙（一）：我烦——6个多月不出牙

坏坏都过了半岁了，小牙齿依然不见踪影，每次抱他时，我都会象征性地"询问"一下小家伙："宝贝，你的牙牙呢？牙牙在哪里？怎么还没长出来呀？"

在我家楼上，有个宝宝和坏坏差不多大，人家4个月时已经长出了两颗小牙齿。可坏坏半岁了还没冒出一颗牙。

我有点担心了，心想这莫非是缺钙？越是这么想，我心里越是紧张不安，之后就专门咨询了医生。

医生说："婴儿一般在出生后六七个月才开始出牙，当然也有极个别宝宝在4个月左右就已经出牙，还有的宝宝出牙较晚，甚至到1岁左右才会出第一颗牙，这都在正常的成长发育范围内，没必要过于担心，该长牙的时候自然会长。"

听了医生的话，我安心了许多，继续耐心等待坏坏牙齿的萌出。

这一等又过了一个月，7个月的坏坏还是没有长牙的迹象。这时我彻底着急了，和老公商量后，带他去医院做了个微量元素检查，想看看到底缺不缺钙。检查结果样样符合标准，什么也不缺。这我就纳闷了，坏坏各方面发育状况都良好，可怎么就是不长牙呢？

医生检查完后，还是上面那段话："别着急，到了一定时候自然会长的。"

没办法，我只好回家继续等待坏坏长牙……

 笨妈育儿经

坏坏6个多月了也不长牙，我开始怀疑口腔卫生做得不太好。于是准备了几块消过毒的纱布，每天给坏坏清洁口腔。有一次带坏坏体检，医生还夸我这点做得好，说婴儿的口腔护理也很重要。清洁口腔的方法是：把纱布裹在食指上，用温开水浸湿，然后将裹着纱布的食指伸入宝宝口腔内，轻轻擦拭宝宝的舌头、牙龈和口腔黏膜。

14

长牙（二）：我傻——没出牙，怪不流口水

坏坏快 8 个月了，依旧一颗牙也没长出来，还一点要长牙的迹象都没有。

我见和坏坏差不多大的小宝宝们开始长牙了，真是心急如焚。一天下午，几个妈妈抱宝宝们在花园聊天，我发现除了坏坏外，另外几个宝宝都流着长长的口水，妈妈们还不时给擦着。我回头瞧坏坏，一点口水都没有，坏坏从小就没流过口水，这是不是不长牙的原因呢？当我说坏坏怎么不流口水时，几个妈妈露出惊异的目光，又发表了自己的观点：

A 妈妈说："流口水有什么好的，我都烦死了，宝宝整天流，嘴周围的皮肤都起小红丘疹了，不流才好呢。"B 妈妈说："唉，我们昨天在一起聊天时，还都羡慕坏坏不流口水呢，多好啊！你看我家宝宝穿的衣服，领子前面总是湿湿的，不及时擦，脖子都淹红了。"C 妈妈说："我们都为宝宝流口水的问题愁死了，你可倒好，坏坏不流口水反而还担忧，这有什么不正常呢，说明咱家宝宝好伺候呢，我看和不长牙没一点关系。"

几个人对我轮番炮轰后，说得我哑口无言，我的判断错了吗？回家后，我赶紧上网查了查相关资料，资料证明流口水和长牙没有多大关系，反而是大家都在求助宝宝流口水怎么办的问题。我心中窃喜，原来我的坏坏如此好伺候，如此干净，一边偷笑去！

我笑是笑，但一想到坏坏不长牙，还是一个急啊！

笨妈育儿经

宝宝流口水是有好处也有坏处的。好处是：口水会对宝宝的口腔起到润滑和清洁的作用，同时可以促进宝宝味蕾的发育，从而提高宝宝的食欲。坏处是：常流口水会让宝宝的嘴角、脸颊等部位出现发红、起湿疹等症状，所以，宝宝流口水时妈妈一定要细心护理哦！

15

长牙（三）：我喜——初露小牙尖

坏坏8个月零10天，早上起床后，我陪他在床上玩。

和坏坏玩了没一会儿，我就有意识地看了看他的嘴，终于看到盼望已久的小牙齿了。

那一刻我惊讶地叫喊："啊！老公快来看，坏坏出牙了。"坏坏爸高兴地走了过来，有点埋怨地说："你小点声，小心把宝宝吓到。"嘿嘿！谁叫我是一个疯狂的笨妈呢！

坏坏爸对儿子很细心，竟担心我把小人儿吓着了……

我指着坏坏的小牙齿，对坏坏爸说："你看看呀，出了两个小牙尖！"这时，坏坏爸一副从容的样子，轻描淡写地对我说："嗯！这不是出来了吗，看把你每天搞得神经兮兮的，一会担心这个，一会担心那个。"

哼！坏坏爸也很担心，还故装淡定！

这时，我激动地对着小坏坏说："宝贝，你可终于长牙了，急死妈妈了，你的小牙牙把妈妈都快折腾成精神病了。"

坏坏爸乐得直逗坏坏，并损我说："别理她，你妈本来就是个精神病。"

说完，坏坏就跟着笑了，这小子真会应景，我晕倒！

没过几天，坏坏又接着长出了第三颗、第四颗、第五颗和第六颗牙齿。这小子不长就不长，一长就连着长这么多，这是想让我这个当妈的高兴得发疯吧！

笨妈育儿经

从坏坏长牙的事，我发现每个孩子的生理发育真的是各不相同，千万不能对比。特别是新妈妈们，千万不要瞎猜、瞎着急啊！另外，当宝宝长牙时，可以让宝宝啃咬馒头干、面包干等食物，或直接以磨牙棒代替，给牙龈以适当的刺激，这也有利于宝宝牙齿的萌出。

16

休闲时刻：哄儿子表演"帽子秀"

▲ 看坏坏的"帽子秀"，还可以吧？嘻嘻……

有一天，在整理坏坏衣柜时，我竟然发现光坏坏的帽子就有近十顶，大大小小的帽子摆了一床，我一看就纳闷，我这个妈妈笨不说，还时常能"败"。自从当了妈妈后，看见孕婴店、儿童服装店我就想逛一逛，一逛就要买，我的钱包就一天比一天瘪了。

我一边收拾帽子，一边又心血来潮了。

我抱着一堆帽子走到客厅，对着躺在小床里的宝贝儿子说："小家伙，我们来个'帽子秀'怎么样？"小坏坏憨憨地笑了一下，没有反对的意思。

说干就干，我把他抱到婴儿推车里，喊来了婆婆帮忙。计划了一番后，让婆婆负责造型，我负责拍照，主角就是小坏坏。

起初，小坏坏好奇，乖乖地坐在婴儿推车里，任凭我们"摆布"，有时脸上还配合几个怪异的小表情供我拍，折腾了半个小时后，小家伙似乎发现自己上当了，忍无可忍地大哭起来。小坏坏一反抗，便揪下头上的帽子，狠狠地扔在地上，迫不得已，我只好收工了。

我正收工时，坏坏爸走了过来，给儿子助威说："来，爸爸抱，你妈妈就是个烦人精，我们不理她了！"嘿嘿！坏坏爸说完，对我做了个鬼脸，抱着坏坏玩去了。

第二天，我把战果（照片）传到网上，小坏坏的可爱表情竟然引来了不少好友的围观，看来折腾一番也值了。

嘿嘿！满足了一下妈妈小小的虚荣心。

 笨妈育儿经

如今很多的妈妈都和我一样，给宝宝买东西永远都是买不够，看到喜欢的就"败"下来，以至于整理衣柜时才发现囤了很多，有的甚至用不上。所以平时给宝宝采购日常用品时，不求多只求精；再就是什么阶段买什么衣服，因为宝宝长得很快，有的虽然当时买便宜，但等到宝宝能穿时又小了，这就浪费了。

17

儿子像个小馋猫，把脚丫当肉啃

我上班后，白天小坏坏由爷爷、奶奶带，晚上和周末由我和坏坏爸带。每天从早上离开宝贝，到晚上再见到他，总有一些意想不到的开心事。

有一天，我把小坏坏放在小床里，然后去给他拿玩具，等我过来的时候，小坏坏正开心地抱着自己的脚丫子啃，那种边啃边品的专注样，顿时把我给逗笑了。

小坏坏像个贪嘴的小猫，把一双肥肥的小肉脚当美味大餐了，吃得津津有味。我笑他说："小馋猫一个，和你爸一样爱吃肉，你们真是亲亲的父子啊。"

话音刚落，坏坏爸不乐意了，问我说："你不馋？你不爱吃肉？我看你每次出去比我吃得还多。"

坏坏爸说完，挑逗着小坏坏说："你和你妈像极了，爱吃还不承认，是不是？"说来也怪，坏坏爸刚说完，小坏坏就坏笑了一下，似乎默认了。

接着坏坏爸又说："臭脚丫有什么啃的，快快长，等你牙长全了爸爸带你吃肉去。"

听到爸爸的许诺，可爱的小坏坏竟然又冲着爸爸笑了一下，嘴里还"咿咿呀呀"地回应着，有些小激动，又俨然一副听懂了的样子，好像是在和爸爸达成约定似的。

在坏坏爸的诱导下，一个小馋猫就这样诞生了！

笨妈育儿经

似乎很多宝宝都有爱吃手、吃脚的习惯，其实这是孩子的天性。当宝宝吃手或脚时，没有必要制止他，过一段时间自然就好了，过分干预反而会引起宝宝的逆反心理。遇到宝宝吃手或吃脚，妈妈首先要做的是：保持宝宝手脚的卫生，勤洗、勤剪指甲！

18
热情坏坏，人见人爱

在我们家不远处，有一座风景优美的公园。天气晴朗时，我经常带小坏坏去玩耍。每次我们刚到那儿，坐在婴儿车里的小坏坏就开始"手舞足蹈"。这是因为他看到了一些新鲜事物，如喷泉、假山、花草树木等，还有广场上嬉戏的孩子们，这让小不点异常兴奋。

一般来说，二三月的阳光总是很温柔，暖暖地洒在草地上，让人觉得很舒服。这样的天气最适合带宝宝去公园晒太阳了。

半岁多的小坏坏很秀气，笑起来非常迷人。他开始对周围的一切都好奇起来，也非常喜欢到人多的地方去玩耍。在广场上晒太阳时，常会有路人过来逗小坏坏。对于陌生人的搭讪，他很热情，谁来都送一个甜甜的微笑。

有一次，一位漂亮阿姨从婴儿车前路过，很温柔地对小坏坏打了个招呼，她那迷人的笑容和一个甜甜的"Hi"，让坏坏乐得合不拢嘴，激动地对着阿姨笑个不停，嘴里还"咿咿呀呀"地说上几句。他的过分热情搞得漂亮阿姨都不好意思离开了，我在一旁也乐得快笑傻了。

回家的路上，坏坏爸抱着小坏坏，故意认真说："儿子啊！你以后可不要热情过度哦！咱男人嘛，有时要表现得矜持一点，你再这样下去，以后我们来广场晒太阳要遭围观了。"

哈哈！真是一对爱摆弄的父子，在一起总是没完没了的。

笨妈育儿经

多晒太阳对宝宝是有好处的，只不过要挑好时间。夏天，上午9:00以后尽量不要晒；冬天紫外线不太强，可以延长时间；下午在15:00以后再出去。一般到公园或者一些人口不太密集的地方走走，不仅晒了太阳，还能让他早些接触大自然，而且让他早点接触一些陌生的环境也是有好处的。

49

19
小小探险家

10 个月后，小坏坏会爬了，整天特别地好奇。

小坏坏这一爬倒好，家里的角角落落几乎被他"折腾"遍了。爬到电视柜跟前，拿起遥控器就乱按；爬到茶几跟前，拉开抽屉就乱翻；爬到书柜前，抓起书就开始撕。总之，他手脚一刻不停，任何能伸手摸到的东西，都无一幸免。

一天，小坏坏又爬到电视柜跟前乱翻腾，翻着翻着发现了一个空瓶子，特别地好奇，他用小手举着瓶子望来望去，一会儿摇摇，一会儿看看，似乎在观察什么。

我和坏坏爸躲在一旁，静静地注视着小坏坏的一举一动。过了一会儿，小坏坏没有发现瓶子有任何异常，开始焦急了，把瓶子在地上用力磕了几下，又把耳朵凑到瓶口去听，似乎要探索和发现什么似的，那副认真的表情特搞笑，把我和坏坏爸都逗乐了。

又过了一会儿，小坏坏看这瓶子依旧没有任何"可疑"之处，显得很生气，就使劲把瓶子扔了出去，但也不忘盯着瓶子看。当瓶子躺着不动时，他摇着头，舞着手指了指，嘴里嘟囔了一阵后，无奈地爬着走了，又去寻找下一个目标了。

这时，坏坏爸走上前问："宝贝，你在做什么呢？发现了什么呀？"话一说完，小坏坏一副委屈的样子，嘴里"咿咿呀呀"发泄般地说了一大堆，说完我们一起笑了，谁也没有听懂他在说什么。他好像在说："哎呀！我费了半天劲，什么也没发现。"哈哈！

小坏坏像个探险家，正在家中"寻宝"呢！

笨妈育儿经

10 个月后的小坏坏是个能翻能爬的小东西，想去哪里就去哪里，能自己做主。宝宝的好奇心都很强，当他对某种东西感兴趣时，就想碰一碰、摸一摸。我认为宝宝好奇时，爸爸、妈妈怕危险，阻止宝宝的举动，这是一种错误的做法。在没有危险的情况下，我们应该大胆地让宝宝去尝试，让宝宝的求知欲和好奇心得到进一步满足。

20
和小坏坏一起成长

通过养孩子，我真正体会到了什么叫作爱和付出。

坏坏爸是 70 后独一代，在家里从小就受宠于一身，几乎没做过什么家务。而我呢，虽然不是独生女，也属于 80 后中娇生惯养的娇娇女，平时大大咧咧的，有时还喜欢耍点小脾气。在小坏坏刚生下来时，我还真怀疑过我俩能否带好一个孩子，会不会因为孩子而让本来平静的生活变得一团糟。

事实证明，我的担心是多余的，似乎在有了孩子的那一刻，我才明白了做父母的责任，更懂得了生活，反而从真正意义上长大了。

我是个实在人，没有一套条条框框的理念，只是坚信一点，有爱就足够了。平时，在育儿方面，我也经常感到迷茫，甚至在小坏坏生病时，我还会无助地躲在一旁傻傻地哭泣，但每次看到小坏坏那张可爱、童真的脸，一切似乎又变得阳光起来。

在带孩子的过程中，我干过很多让人哭笑不得的囧事，还被坏坏爸光荣地赐名为"超级笨妈"。说心里话，我喜欢这个称谓，在他们父子的眼里，我是一个不可缺少的"活宝"。我这个笨妈虽然四肢发达，头脑简单，但我相信也一定能养育出聪明的孩子，加油吧！

如今，小坏坏也 1 岁了，随着他的成长，我似乎也变得成熟了许多。不再任性，不再随随便便乱发脾气，做事情也变得细心了许多，再也不是坏坏爸眼里的那个疯丫头了。

宝贝，让我们一起成长，一起加油吧！

笨妈育儿经

育儿中，我认为重要的是心中要有爱。孩子的童年需要爱和温暖，爱孩子就应常常拥抱他、抚慰他、关注他，使孩子对母爱形成一种信任感、安全感，这样才能培养良好的亲子关系。育儿也是一门学问，年轻的妈妈们，让我们一起加油，争取做一个完美的妈妈吧！

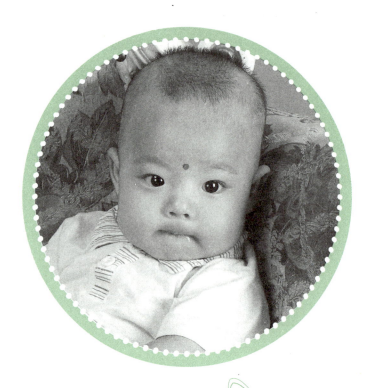

孩子，
陪着你一起长大，
是一件多么幸福的事！

第三章

1~2 岁：笨妈当陪练，教儿子怎么玩

●爬爬赛 ●学走路 ●断奶

●爱上喝水 ●亲子阅读

1
爬爬赛：小坏坏得了倒数第一名

▲ 比赛开始了，坏坏爬得很认真，努力向前。

坏坏快1周岁的时候，某育儿网和奶粉厂家合办了一场婴幼儿运动会，名为"奥林匹克爬爬赛"。我受到邀请，可以带坏坏前去参加比赛，这也算是提前给他庆祝生日吧！这可是坏坏人生中参加的第一场运动会，很有纪念意义。

受到邀请后，我们整天在家辅导坏坏练爬，希望他能取得一个好成绩。

在运动场上，不满1岁的小选手大概有200多个，都是爸爸、妈妈抱着来参加的，算是一场家庭运动会了。临上场前，我抱着坏坏说："宝贝，一会儿妈妈在终点喊你，你快点爬哦！等到了终点，妈妈奖励你一个好玩的，好不好？"哈哈！也不知道坏坏听懂没有。

听完我的叮嘱，坏坏对我笑了笑。一声哨响，比赛开始了，坏坏手脚并用，奋力向前爬去。爬到一半时，他突然停了下来，一双圆溜溜的大眼睛四处张望，像是在寻找什么东西。急得我在终点使劲大喊，不停地摇晃着手玲，可小人儿全当没看见。后来，坏坏爬到旁边一个小选手跟前，玩起人家的鞋子，人家脚动一下，他就笑一下。随后，两个人干脆把鞋一脱，互相玩起脚来，把比赛的事都抛之脑后了。

十几分钟的"爬爬赛"结束了，坏坏得了本组倒数第一名，和他同玩的那个小宝宝，虽然最终也没有完成比赛，但比坏坏离终点近了一点，自然得了倒数第二名。两个小可爱"霸占"了最后两个名次。

坏坏第一次参加运动会，很光荣地得了个"倒数第一名"。这让我们全家笑破了肚皮。

笨妈育儿经

爬行可以锻炼宝宝躯干以及四肢的肌肉，也可以促进宝宝身体协调能力的发展，好处多多！当宝宝到了能爬的阶段，父母要记着把家里打扫干净，并让地面适当有点摩擦力，让宝宝尽情地爬，全当运动了。

2
让孩子爱上喝奶怎么这么难

▲ 宝宝坐在儿童餐椅里吃东西不仅安全，还可以模仿大人的样子自己吃。

坏坏 1 岁以后，我每天晚上给他冲一瓶奶粉喝。

为了让坏坏安心喝奶，我常用玩具逗他，像打仗一样，放一大堆玩具，使出十八般武艺摇呀晃的，最终被坏坏一个个抓过去然后扔掉，直到他没东西扔了，又开始东歪西歪、左看右看，也不喝奶，搞得我真是无计可施。最终，他也就是勉勉强强地能喝掉仅 100 毫升的奶！

仔细总结了一下，坏坏不爱喝奶有两个原因：

第一个原因：贪吃母乳

自从坏坏出生后，我一直坚持母乳喂养。产后 24 小时里，我不停让他吸吮，奶水很快就下来了，也足够他吃的，在添加辅食前几乎都是纯母乳。为此，坏坏对母乳产生了依赖，对奶粉很有抵触情绪。

第二个原因：吃饭好

坏坏从开始添加辅食就吃得很好，即使在我一天不在家的情况下，他也完全可以依靠辅食吃饱肚子。所以，他除了母乳之外，奶粉不是他全部的口粮，没有到不吃就挨饿的那种地步。

不过，我担心坏坏光吃饭会营养不良，就每天晚上让他睡前喝奶粉，可他不接受奶嘴，总是不好好喝。一次偶然的机会，我发现，坏坏用吸管喝酸奶喝得很好，我灵机一动，把奶嘴换成吸管一试，还真有效果，坏坏一口气喝了 100 毫升，嘻嘻！

　　我心中一阵窃喜，好有成就感，就像哥伦布发现了新大陆一样高兴，以为不用发愁哄他喝奶了。可好景不长，没过几天，坏坏好像对吸管不感兴趣了，又拒绝用吸管喝奶了。

　　坏坏贪吃母乳，断奶后可怎么办哟。

▲ 有的儿童餐椅还可以拆开哦，等宝宝大些了，可以当课桌用！

 笨妈育儿经

　　不知不觉中，坏坏进入了幼儿期。他也开始扶物而站，牙牙学语了，看到这一切，我心里很激动。这个时期的孩子，活动量在不断增加，同时对食物的需求也增加了。我得注意让坏坏保证营养的均衡摄入，不要让坏坏偏食，以养成良好的饮食习惯。

▲ 坏坏学步的时候用的
学步带，确实让人
轻松了不少，只是
小家伙没用几次就
会走了。

笨妈育儿经

锻炼宝宝尽早走路最
好的方法是：平时在家让他
多爬、多运动！在宝宝学走
路期间，尽量把家里的茶
几、电视柜、桌子、椅子等
有锐利棱角的家具都挪到一
边，为宝宝创造一个没有障
碍物的安全空间。让宝宝尽
情地自由活动，不要急于求
成，减少辅助行走，让宝宝
在一个很自然的环境中学会
走路。

3
儿子小进步（一）：刚过1岁，
突然会走路

坏坏1岁25天时，一个人完全可以独立行走了。

那天，我下班回家后，刚打开门，就看到坏坏在客厅里"闲庭信步"，我顿时惊呆了，心情特别激动，对着坏坏大声说："宝宝！妈妈早上走的时候你不是还不会走吗？怎么半天没见你都能自己走了？快走过来让妈妈看看……"

坏坏会走路了，我真是太高兴了！

当看到坏坏独立行走时，我兴奋得昏了头，语无伦次地对着坏坏发出了好多感慨，表情也有些夸张，好像都吓到小人儿了。小坏坏看到我夸张的表情，远远地站在客厅一角，瞪着两只大眼睛，奇怪地看着我，可能他还不懂我为何如此兴奋和激动。

后来听坏坏奶奶讲，白天她在厨房做饭，坏坏一个人在客厅扶着沙发走着玩。奶奶一边做饭，一边看着坏坏。突然，她发现小人儿松开手扶的沙发，一个人"跌跌撞撞"地走到了餐厅，奶奶惊呆了，这坏坏怎么说走就会走路了，太突然了。

晚饭后，我和坏坏爸得意地领着坏坏去公园散步了。看着他那幼小的身影在人群中跌跌撞撞、东倒西歪地小心行走，我心里感慨万千，似乎在一夜之间，坏坏就长大了。

恭喜我的宝贝，告别了"被抱"的时代，开始靠自己的双脚行走天下。

4

儿子小进步（二）：特好奇，
东摸摸，西看看

坏坏会自己走路后，胆子也越来越大了。

在家里，坏坏对什么东西都很好奇，什么都想动一动、咬一咬，啥也不怕，真是"初生牛犊不怕虎"啊。无论任何东西或事情，不管有没有危险，他都要试一试。

有一次，我没注意，坏坏跑到饮水机跟前按了热水的红按钮，开水流了出来，溅到了他另一只手上（幸好饮水机刚开，水不是很烫）。他顿时吓得缩回了手，哭丧着脸看着我，可能他知道自己做得不对，从此就再也不敢去触摸了。

此后，坏坏走到饮水机旁只是好奇地瞅一瞅就赶紧离开，看来"顺其自然"还是能起到一定作用的。这个阶段的孩子都充满了好奇心，家里的热水器、电源插座等，都是防范的重点，千万不可大意，以免孩子受到伤害。

坏坏会走路后，我每天都会带他去小区花园玩。小区花园里种了很多花草树木，所以经常会有成群的小鸟来此嬉戏，坏坏特别喜欢听"叽叽喳喳"的鸟叫声。我每次带着坏坏在花园里溜达时，他只要看到树上的小鸟，一双站不稳的小脚丫就会变得骚动起来，样子十分可爱。

1岁多的坏坏，嘴里的话也开始多了起来。别人逗他玩时，那张小嘴"咿咿呀呀"地总爱说个不停。至于在说什么，谁也听不懂，结果被坏坏爸笑称为"英语（婴语）"。

笨妈育儿经

在带宝宝进行户外活动时，一定要选择空气好且绿化好的地方，最好是人少、有花有草的安静之地。在这里，宝宝可以观察花草、树木、鸟儿，还能呼吸新鲜空气，这不但可以提高宝宝的身体素质，还能提高宝宝的认知能力。

5
儿子小进步（三）：会说"爱"和"谢"

▲ 一定要从小培养孩子看书的习惯，虽然宝宝不识字只会看图画，但依然可以从中学到很多东西。

　　坏坏会走路后，说话也进步了，会说"爱"和"谢"了。

　　早在 7 个月时，坏坏已经能清楚地叫"妈妈"了。再后来，说话就没有太大的进步了，我常听大家说男孩说话晚，也就没太在意。

　　当 1 岁多我听到坏坏说"爱"和"谢"时，我才发现我错了，因为我忽视了早教，在此之前没有用心教坏坏。由于上班，我不能去早教中心，工作之余的这个"早教"任务，便成了我的第二职业。

　　坏坏会说"谢"，是因为我给他买了一个小布奇的玩具，小布奇会说"谢谢"。我每天拿着书本，陪坏坏阅读，也教他学说"谢谢"。

　　之后，我每次带坏坏下楼去，别的小朋友给他玩具玩时，我就说："宝贝，怎么没说谢谢呀？"机灵的小家伙高兴地拿着玩具，稚气地说："谢谢！"看到宝贝也能和布奇一样说"谢谢"了，我真高兴，有一种成就感！

　　此时，我会给宝宝说："嗯！真聪明，妈妈真爱这个懂事的小宝贝！"我给宝贝的这句赞美还收到了意外的收获：就是他间接学会了说"爱"。具体表现在：我每次回家，洗手后都会迫不及待地抱抱坏坏，此时宝贝会送卜一个香吻给妈妈，继而我会问："宝贝，爱妈妈不爱？"坏坏香甜地回答："爱。"这让我感觉像掉进了蜜坛里。

　　有时候，我很羡慕在家的全职妈妈，她们有更多的时间陪孩子。但羡慕归羡慕，我的工作还得继续，我放弃了周末逛街、放弃了晚上和朋友出去 Happy 的惬意时光，把我工作之余的所有时间都放在了坏坏身上，这也让我收获了另一种成就感。

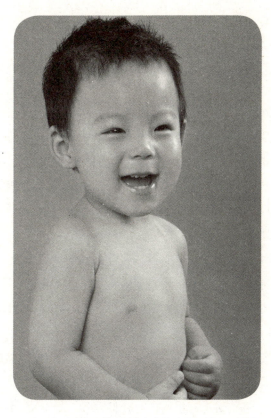

▲ 孩子有时真是我"幸福的负担"，累了倦了只要看到他的笑容，所有的烦心事都会顷刻间烟消云散。

 笨妈育儿经

当妈妈的再忙，宝宝的早教也是一时一刻都不能忽视的。没时间去早教中心，上班的妈妈就在家给孩子早教吧，时间可以自由支配，还省了早教费的支出。嘻嘻！一举两得！我相信，只要用心，职场妈妈对孩子的早教也能做得很好，让我们一起加油吧！

6
宝贝走后的第一个不眠夜

坏坏 1 岁 3 个月时和爷爷、奶奶去了青岛玩，我也借此机会给他断奶了。

坏坏走后的第一个深夜，我彻底无眠。那一夜，我才真正懂得了什么叫"牵挂"。我不停地想：宝贝这会睡了没？有没有哭？有没有闹？有没有想妈妈……

坏坏去青岛前一直吃母乳。其实，我原本没有打算给他断奶。每天工作回到家，看着他依偎在我的怀里，幸福地吮吸着那等待了一天的乳汁时，我感到做妈妈真的很幸福。

坏坏断奶前的基本情况如下：

1. 哺乳时间：从出生一直到 2009 年 8 月 10 日（宝贝去青岛的当天）。

2. 母乳质量：我认为还可以，没有因为吃母乳出现拉肚子或厌食等现象，很少生病。

3. 乳汁量：4 个月之前，宝贝全母乳，完全够吃；4 个月之后添加了辅食，早晚母乳各喂一次。

坏坏这次走，也意味着给他断奶。从出生后到 1 岁 3 个月，坏坏一直是母乳喂养，这一年零三个月的时间，我没有一个晚上是一觉睡到天亮的，夜里最起码要起来两三遍哄他、喂他。我心想不照顾坏坏了，终于可以一觉睡到大天亮了，而事实上我却失眠了。

其实，我早已习惯了被坏坏"打扰"的那种生活。

笨妈育儿经

可能我早已习惯了每天下班看到坏坏；习惯了每个晚饭后带他一起下楼玩；习惯了睡觉前和他在床上嘻嘻哈哈；习惯了他半夜醒来喊一声"妈妈"。没有了这些习惯，我的生活一下子空。那一次，是我和坏坏分离时间最长，也是离的距离最远的一回，那种想念，也许只有当妈的人才能体会得到。

7

宝贝成功断奶全记录

生坏坏之前，我看了好多书，书上都说孩子在9个月时就可以断母乳；坏坏出生后，在9个多月时我也有给他断奶的念头。结果查了好多资料：2岁断奶是最佳时期，孩子在1~2岁之间仍能吃上母乳，这对孩子的健康和大人的身体都有相当大的好处！

坏坏走后，我曾经担心，他没离开过我，突然见不到妈妈会怎样？一下没了母乳又会如何？孩子从来都拒绝奶瓶，要是不喝奶粉怎么办？……这些问题总是围绕着我，我怕坏坏突然不吃母乳了，身体上会不适应，情绪上也会烦躁不安。

坏坏到青岛的第一天晚上，坏坏奶奶打电话过来说，他一路就没哭，也没找奶吃，只是半夜醒来，有种想要吃奶的表现，没有闹，哄了哄就睡着了，这让我十分意外。坏坏在青岛第一次和我视频时，还有些不习惯，但他适应了一下就好了，随后活泼地对着电脑屏幕喊了一声"妈妈"，完全和没事人一样，这让我的心平静了许多。

听婆婆说，到青岛的第一个早上，坏坏就开始用奶瓶喝奶了，每次还能喝不少，吃饭也很好，这让我心里的顾虑彻底烟消云散了，也算是顺利断奶吧！

坏坏吃了15个月的母乳，想不到断奶如此容易简单。我总结的经验为：断奶要循序渐进，先减少母乳喂养的次数，在辅食方面多变换花样，让孩子能爱上吃饭，淡忘母乳，身体上也就不会有任何影响，从而达到顺利断奶的目的。

笨妈育儿经

给坏坏的断奶是一场身心煎熬。其实给孩子断奶不需要母子分离，健康断奶应该遵循的原则是：逐渐减少喂奶的次数，先减白天再减夜晚；宝宝生病时不要断奶；断奶期间，要多陪宝宝以帮他度过断奶期等。有条件的妈妈应尽量延长母乳喂养的时间，没有特殊情况不要给孩子过早断奶。

▲ 母乳顺利断掉了，从不下厨的笨妈也开始学做饭啦。瞧，一碗美味的宝宝辅食出炉——营养鸡汤面。

8
小坏坏成长的六大变化

坏坏从青岛回来后，也就等于断奶成功了。

我真没想到坏坏断奶如此容易，这可能是由于我上班后大半天都见不到孩子，无形中减少了哺乳的次数吧。婆婆总是在辅食方面给孩子变着花样做，让坏坏轻松爱上了辅食，为断奶打下了基础。所以断奶没给坏坏造成任何影响，轻轻松松就"断了奶"。

转眼间，坏坏已经16个月了。看着他一天天地长大，我心里有一种说不出的幸福感。长大了的坏坏有很多新变化：

变化一：饮食——吃喝不用愁，让人省心了

吃饭很棒，以前一点奶粉都不喝（给爸妈省大钱了）。现在早晚各喝150毫升的奶，与同龄孩子比起来喝的有点少，但我也很满足了。

中午吃一小碗面条或菜米饭，下午4点左右喝一杯酸奶，晚饭一般是稀饭，同样也喝一小碗。总之，现在坏坏吃饭让人省心不少。

还有一个大变化是，坏坏偶尔能自己吃饭了。一般情况下，我都尽量让他自己进食，以培养他自食其力的能力，二来大人也省心。

变化二：睡觉——白天精神好，晚上睡觉不踏实

坏坏白天精神头太大，没有老老实实睡过一次大觉，经常闹得大人都筋疲力尽了，小家伙依然神采飞扬，真

是太有精力了。晚上睡觉时，小家伙也总是睡睡醒醒，睡不踏实。

变化三：说话——会叫"爷爷奶奶"，会叫"爸爸，抱抱！"

坏坏7个月时，第一次叫"妈妈"。现在又会叫"爸爸""爷爷""奶奶""哥哥"等一些称谓了，还会说一些简单的话了，比如想让爸爸抱了，他会上前说："爸爸，抱抱。"想让我抱了，我会问："那你爱妈妈不爱？"小人儿会憨憨地说："爱。"想要下楼玩了，他会跑到门前指着门说："门门。"这些简单的词，现在坏坏都会说了，只是表达还不太清楚。

▲ 嘻嘻，看坏坏吃东西这个认真样!

变化四：走路——腿脚灵活，不再摔跤了

坏坏走路方面的进步更大，大步向前走，像螃蟹那样横着走，倒着走，偶尔还蹦蹦跳地，或者扭一扭。总之，腿脚已经灵活自如，不再摔跤了，也完全不用再时时尾随其后了。我带他出去，只要他的活动范围在我的视线之内就可以了。

变化五：行动——吃喝拉撒，十分懂事

坏坏从青岛回来后，不仅个子长高了，而且也变得懂事多了。妈妈辛苦时，他会送来一个香吻；吃东西时，坏坏也学会了分享，会先给妈妈吃；看见地脏了知道拿笤帚打扫卫生；鼻涕流下来了会自己拿来纸巾找妈妈擦；拉屎、尿尿时能主动找自己的马桶了，真的变化很大!

变化六：学习——会模仿，自学成才

坏坏虽然小，模仿能力可是超强，大人做过的事，

他看一遍就能跟着做。比如开关电视、跟电视学跳舞、拿擀面杖学擀面、用玩具刀学切菜、脱了鞋也学大人的样子放在鞋架子上、进卧室先开灯等，这些都没人教，全都是他自学成才的。坏坏记忆力也超好，家里什么东西找不着了问他，他会直接带你去放东西的地方，真是让人惊叹不已！

现在，坏坏每天早上起床后，总是先看早教书，我也可以趁机赖一会儿床。并且，他每天玩的亲子游戏也不少，比如"藏猫猫""找朋友""亲子涂鸦""模拟打电话找妈妈"等，不但坏坏玩得开心，我这个当妈妈的也"返老还童"了，享受了一把童年的乐趣。

另外，坏坏还参加了一些亲子活动，现场真的很热闹，小家伙玩得很开心，看来以后这样的活动还要多参加，坏坏高兴嘛！

 笨妈育儿经

盼星星盼月亮，终于盼回了从青岛回来的宝贝坏坏。小人儿回来了，我也完全没了人身自由。小人儿此次回来淘气得要命，我简直成了他的"守护神"（防止爬高捣蛋摔着），他倒成了我的"跟屁虫"（一分钟看不见我就哇哇大哭）。只不过，这样的形影不离，也让我感觉特别幸福哟！

9
如何教孩子和陌生人接触

一次，我带小坏坏出去玩，正巧碰见了一个朋友，在给朋友打招呼时，我发现坏坏使劲往我身后躲，朋友开玩笑说："帅哥怎么还害羞呢，快出来，阿姨给你好吃的。"

尽管朋友用吃的来诱惑他，坏坏最终依然没有出来。看到这情景，我开玩笑说："我的小宝贝呀！你躲什么呢？你看阿姨那么温柔漂亮，你不出来打个招呼吗？躲着可是没礼貌的哦。"

我越说，坏坏越往后躲，一副可爱的害羞样，还就是躲着不出来。

朋友走后，我问坏坏："你刚才为什么要躲呢？"

坏坏不好意思地说："我和阿姨在玩躲猫猫呢！"

从他说话的眼神，我能看出来，他就是不好意思，精灵古怪的小人儿，还挺会给自己找理由的。

其实，孩子的这种表现也很正常。

对于那些怕跟陌生人交往的孩子，父母应该做到：

1. 不要勉强孩子，要细心引导孩子；

2. 多带孩子去和年龄相仿的小朋友玩，不要因为孩子之间的一点小矛盾而当众训斥孩子；

3. 多鼓励孩子在人多的场合说话、表演、与人交流等，让孩子树立自信心；

4. 参加朋友聚会也可带孩子出席，这种陌生的环境可以增强孩子的认知能力。

同时，我们还可以教孩子一些礼貌用语，如"你好""谢谢""再见"等。

▲ 自从发现坏坏爱害羞后，我就经常带他去参加一些活动，以让宝宝变得更加开朗大方。

 笨妈育儿经

在幼儿阶段，孩子处于以自我为中心的思维模式，会寻求本身最喜爱的生活方式。有的孩子初次与陌生人接触，会感到不安和害羞，妈妈们如果遇到这种情况，千万不要着急，更不要逼宝宝，而应该用较为缓和的方式，引导孩子开拓新的人际交往经验。

10
软硬兼施，让妈妈讲故事

小坏坏特别爱听故事，每天晚上睡觉前都会让我给他讲。

说起讲故事，我就头大。起初，坏坏睡觉之前，我只给他讲一个故事，后来小家伙的要求越来越多，在讲完两个故事后，他还会以各种理由"强迫"我再讲一个，有时真的是没完没了。在我执意不讲的时候，他就会软硬兼施。

小坏坏诱惑妈妈讲故事的时候，总会先说一些甜言蜜语，比如"妈妈，我亲亲的妈妈，再讲一个好吗？""妈妈，你再讲一个我就乖乖睡觉了""妈妈，我都是你最听话的孩子了，你再讲最后一个吧，讲完我一定好好睡觉""妈妈，我喜欢你（说着加一个香吻），再讲一个吧"。听到这些"糖衣炮弹"，我能招架得住吗？我只好"心甘情愿"地再讲一个。

每次在小坏坏的甜蜜诱惑下，我都感到满满的幸福。很多时候，面对儿子的没完没了，有时我实在是受不了。有时我累了倦了，实在不想讲了，故意不答应他，小家伙便会使出最后的杀手锏：又哭又闹，一番折腾后，我还得讲。

每个孩子的童年都只有一次，我也渴望给孩子的童年留下快乐，在他长大的那一天，能幸福地想起童年的往事，想起爸爸妈妈陪他温暖地走过，这是我所追求的。所以，我平时尽量不用工作忙来敷衍孩子，有爸妈讲故事的童年才是幸福的童年。

笨妈育儿经

睡前故事到底该不该讲？我仔细反思了一番，坏坏要听故事其实是好事，说明他有想法、有求知欲望。之所以讲故事变成了一件郁闷的事，关键责任在我。在讲故事之前，我如果和坏坏达成约定，提前说好讲一个或两个就睡觉，这样的话，我想坏坏一定会很理智。

11

懂事后，古灵精怪

▲ 这个木马是坏坏的大爱，一捏耳朵尾巴会摆动，每次吃饭前，坏坏都要上去骑一下。这是坏坏童年记忆中的一款难忘的玩具。

一眨眼的工夫，坏坏已经1岁7个月了……

现在，坏坏的生活和学习基本上是"认知"。为此，我给他专门配置了碗筷、食品等，还买了各种各样的玩具。在我书架的最低处，我给他开辟了一个小书架，在家里他能看到、摸到的地方也都挂上了挂图。随着坏坏慢慢长大，这些书和挂图被充分利用起来，坏坏玩耍时看到书架就要拿书看，看到认知挂图就指认。

19个月的坏坏更懂事了，也变得古灵精怪的。

生活：自己上厕所，监督大人冲马桶

坏坏是一个生活独立性比较强的孩子，1岁半时就能够自己上厕所了，想大小便时会跑去找自己的小马桶，不用大人操心。他还特别爱干净，每次上完厕所，如果只是把他用过的马桶冲一冲，那可不行，他时刻在一旁监督着，示意要刷一刷才能完事。嘿嘿！够强吧！家里任何垃圾都得及时入篓，不能乱堆乱放，否则被小监督员发现了，那可就惨了！

饮食：不喝奶粉爱吃肉，米饭面条自己吃

19个月的坏坏依旧不爱喝奶粉，几个月前买了一箱奶粉，还剩下一半多。有时候看着这些奶粉我都头大，总想着如何才能让他在睡前乖乖地喝一杯奶。不过，他吃饭还可以，这让我的担心稍稍平缓了一些。坏坏爱吃肉，可能随他老爸了，嘿嘿！如今，除了稀饭之类，我还会喂他米饭、面条等，他已经能自己吃了，这又让我

省心不少！

学习：爱学习，还必须有人"欣赏"

说句害羞的话，小坏坏的学习，连我都要向他学习：《布齐乐乐园》一天能看8次，DVD看到就要播，布齐都成了他心中最听话的好孩子形象了。坏坏在学习时，还必须要有人在一旁"欣赏"，你若不关注他，他会一直叫你，喊个没完没了……我有时都偷懒不想陪他阅读了，可又实在拗不过他。

娱乐：迷上卡拉OK，平时爱"吼"上两嗓子

现在，坏坏迷上了卡拉OK，一有空就会"吼"上两嗓子，尽兴时还会边唱边跳。虽然他嘴里唱的"哎哎呀呀"谁也听不懂，但任何一个旁听者看到他投入万分的表情时，都会为他可爱、天真的一面而愉悦，这也让我体会到了童年的快乐！

最后，我再说一件坏坏的雷人事吧。坏坏每天下楼还有一项最重要的"工作"要执行，那就是去小区门口的那栋新楼去"视察"，他会指指吊车、挖土机、水泥车，嘴里"叽里咕噜"地说一番（是在指导工作吗？），直到"指导"完了，他才会恋恋不舍地离开。否则，如果还没说完的话，那是无论如何也带不走他的，怎么样？够敬业吧！

笨妈育儿经

坏坏19个月了，现在，他没事就会遛个弯、骑骑车、到楼底下撒欢儿跑一圈，这是坏坏每天必不可少的户外运动项目。有时，看到邻居的小八哥，坏坏还会上前逗逗小八哥，把自己的零食分给小八哥吃，这也成了坏坏的另一个休闲项目。

12
母子过招（一）：男扮女装

我是一个爱瞎搞的妈妈，可以说十分爱折腾！

周末，我会和朋友一起带宝宝们出去玩，朋友家是个女宝宝，打扮得很时髦，看起来就像个洋娃娃，小小个人儿，还特别有范儿，"装备"也不少，发套、眼镜、项链、领巾等一应俱全。

看到这个小潮人，我当即就做起了美梦：如果坏坏是个女孩儿，那我肯定是一个超级"败"妈，我会"败"下很多漂亮的公主裙，买很多靓丽的小发卡，一定把她打扮得像公主一样美丽可爱……

嘻嘻，想入非非了，真是家有女宝就会造就一个"败"妈呀！

在带着宝宝们玩了一会儿后，我突发奇想：不如给小坏坏也换一下装？哈哈！我想到做到。

于是，爱折腾的我借来了朋友宝宝的"装备"，把坏坏从头到脚重新打造了一下。当他出场时，所有人都笑翻了，男扮女装的坏坏怎么就那么逗呢？

坏坏爸看到自己的儿子被打扮成女孩的样子后，差点没认出来，捂着嘴笑着说："快，快！赶紧给我儿子拿掉，要不我完蛋了，快笑死我了！"

▲ 这造型，这背影，俨然一个小美女啊。

 笨妈育儿经

80后潮妈都会打扮孩子，总是把孩子打扮得很时尚，很可爱。与此同时，在给孩子买衣服时，最好选择质地柔软的纯棉织品，因为棉织品的吸湿性、透气性、保温性都好，又柔和、轻软，不会刺激皮肤。

13
母子过招（二）：不黏妈妈，恋上爸爸

有一天，不知道什么原因，坏坏突然对我说："妈妈，我今天不要你陪，我要和爸爸在一起。"从坏坏爸下班进家门的那一刻起，坏坏嘴上就不停地挂着"爸爸"一词："爸爸，你陪我玩吧""爸爸，咱俩玩躲猫猫吧""爸爸，你来看我垒的积木高不高"……我真是搞不懂，也很惊奇，坏坏平时不是最黏妈妈吗？怎么突然恋上爸爸了呢？

我听着坏坏一声声"爸爸"来"爸爸"去的，特别郁闷。

以前，我被儿子黏着，有时觉得很烦，有他在，什么事也干不成，想推都推不到爸爸那儿去。按理说，坏坏恋爸爸了，对我来说算是一件好事，可以清静一会看看电视了。

解放了，应该偷着乐、高兴才对，但真正的感觉并非如此。当坏坏黏上爸爸时，我却有一点小小的失落感。

坏坏爸去临潼开会，早上临走时说要去三天。下午下班，我一个人正常回到家，刚推开家门，儿子就问："妈妈，爸爸呢？"我笑着说："爸爸今天不回来了，他开……"还没等我说完，坏坏就不高兴地来了一句："你笨蛋！"他以为是我不让爸爸回来了。

我当时真郁闷啊！在我正准备安慰他时，坏坏爸的电话打来了，我赶紧把电话递给小人儿，人家父子俩开心地"嘀嘀咕咕"聊了起来，我站在一旁干瞪眼。

嘻嘻！坏坏恋上爸爸，真让我这个当妈的吃醋了！

笨妈育儿经

坏坏恋上爸爸后，让我挺失落的。其实，反过来想一想，坏坏恋上爸爸有两点好处：一是正好让那个爱玩的大男人（坏坏爸）也戒戒游戏瘾，别以为带孩子是一件多么容易的事；二是我趁机也消停几天，给自己放放假，好好享受一下悠闲时光。

14
坏坏摔伤，让妈妈好心疼

坏坏是个急性子，从刚学会走路的那天起，似乎就没认认真真、稳稳当当地走过，走起路来总像风一样，动作很快，稍不留神就跑远了。带他出去，我总是紧紧地尾随其后，看得很紧，生怕他磕着碰着，但我也有疏忽时，坏坏免不了摔倒和受伤。

一次，我带着坏坏在楼下玩，看见一个3岁左右的小孩骑小自行车，坏坏很好奇，一个劲地往前凑，我拉着他的小手，一遍又一遍地跟他说："宝贝，那是大哥哥和姐姐们玩的，你还小，等你大一点再玩好吗？"可孩子毕竟是孩子，你越阻止，他越觉得好奇。

趁我不注意，坏坏一下挣脱了我的手，向自行车跟前跑去。此时，那个小男孩正好准备骑车离开，等坏坏用手去抓车后座的时候，小男孩骑着车子走了，坏坏的手抓了个空，一个跟头栽了下去，等我跑过去的时候，为时已晚。

我扶起坏坏，只见他满嘴是血，把我吓坏了。一时间我乱了方寸，抱起他就往回跑。到家后，我喊来坏坏爸抱着坏坏，就去打来盐水给他处理伤口，我当时手在发抖、心在滴血，都不知道处理伤口的过程是怎么进行的。

处理完伤口后，我这才发现自己的衣服上肩膀上全是血，可能是抱他往家里跑时碰上了，伤口其实不大，却流血不少。我脱掉衣服进洗手间清洗，看着手里沾满了血的衣服，我哭了。我恨透了自己的大意，心都要碎了。

再后来，每次带坏坏出去，我都特别小心。

笨妈育儿经

坏坏的摔伤，让我体会到幼儿的好动性，宝宝自己能走路后，一般不愿意别人"控制"。所以在宝宝走路不稳时，妈妈要盯紧宝宝，摔跤最容易摔嘴了。万一不小心嘴唇摔伤了，妈妈一定要压住孩子的伤口止血。如果伤得不严重，要赶紧带回家清理伤口，检查摔伤的嘴唇内侧及周围皮肤，轻压或将冰块放在伤口处都能减轻肿胀。

▲ 体贴的小人儿, 和妈妈去公园都要帮妈妈拎包。

笨妈育儿经

对于坏坏的教育, 我和坏坏爸奉行的理念是: 不要求他才高八斗, 只要他善良、尊老爱幼、举止文明, 有良好的个人修养就行。都说父母是孩子最好的老师, 所以每次我们都从自身做起去要求坏坏, 真没想到小坏坏的领悟能力如此之强。

15
让妈妈感动的小举动

一天, 晚饭后, 在陪儿子玩完、洗完, 等他甜甜地睡着后, 我却依然陶醉在坏坏令我欣慰的举动中。

躺在儿子身边, 摸着他的头, 我时而欣喜, 时而独自发笑。

反正也睡不着, 于是我爬起来, 打开电脑, 急切地记录下了坏坏今天的一举一动。

小人儿的点点滴滴让我既出乎意料又感动。

妈妈洗完澡, 拿吹风机说: "妈妈吹!"

下班回家, 我在洗澡间冲澡时, 坏坏不时跑到门口问: "妈妈, 洗完没? 抱抱……" 我总是回答: "宝贝, 马上就洗完了!" 等快洗完时, 我又说: "宝贝, 妈妈洗完了, 马上就要出来了!" 只听见坏坏答应了个 "嗯" 后, 噔噔噔就跑开了。

当我打开了洗澡间的门时, 坏坏从卧室里拿来吹风机, 催促我说: "妈妈, 吹!" 我明白了, 坏坏给我拿吹风机去了!

体贴妈妈: "妈妈, 今天你多穿点!"

想起去年冬天时, 我每次洗完澡出来, 常对坏坏说: "宝贝, 天冷了, 等妈妈把头发吹干了再抱你, 好吗?" 时下接近 5 月, 却意外地下起了雪, 早上走时, 坏坏说: "妈妈, 今天你多穿点, 下雪了, 好冷!" 坏坏体贴妈妈, 也想到妈妈洗澡后吹头发了。

主动拿椅子："妈妈坐下，累！"

我迅速吹干了头发，和坏坏嬉戏了一会儿。我发现
因为下雪的缘故，今天上班穿的皮鞋有些潮了，就想打
点鞋油保养一下，于是我走到鞋柜旁顺手打鞋油。坏坏
赶紧搬来他的小椅子，嘴里嘟囔着说："妈妈坐下打，
累！"一个简单的举动和言语，让我顿生激动，赶紧凑
过去亲了他一下，并说了声"谢谢"后，接过了小椅子，
心里感到无比幸福！

▲ 和孩子一起疯，一起闹其实
是一件很享受的事情，亲子
时光乐趣无穷。

23个月的坏坏，不管在家里还是在外面，都会做
一些让我感动的举动：

如果吃带有果皮纸屑的东西，坏坏总会把剥下来的
垃圾扔到垃圾桶里；

在车上，我偶尔会给他擦鼻涕，擦完后故意打开窗
户，示意扔出去，坏坏会立刻提醒我把纸巾放入车扶手
旁边的小盒里，下车后再扔；

在小区里玩耍时，坏坏会主动把玩具与小朋友们分
享；

在家里，婆婆蹲在垃圾桶旁择菜，坏坏会搬来小板
凳，让奶奶坐下择菜。

现在，每天下班回家，我就能听到小坏坏兴奋地叫
喊："妈妈，你回来啦！"平日里，我陪这个小男人的
时间很有限，他对我的依恋却一天比一天浓烈。所以，
每当我忙完一天的工作，看着可爱的小人儿在我的身边
无拘无束地撒娇时，真的有一种说不出的幸福感。

16

笨妈妙招（一）：换水杯做游戏，让宝宝爱上喝水

在秋冬季节比较干燥，孩子不喝水很容易上火。

2009 年入秋以来，为了能让坏坏多喝水，我是用尽了方法，可谓是煞费苦心。曾经，坏坏不爱喝水的问题一度让我很头疼，每次让他喝水，我都要跟在他屁股后面喊半天。经过一段时间的摸索，我终于发现让坏坏主动喝水比较管用的两种方法：

方法一：勤换喝水杯

孩子总会对很多新事物充满好奇，当发现自己的水杯和第一次的不同时，也会主动想要尝试。我给坏坏准备了几个造型可爱、颜色鲜艳的吸管杯，轮换着让他用来喝水，有时甚至都用到了家里的高脚杯、茶杯、酒杯、果汁杯（平时消过毒，专门给坏坏准备的）等。我发现形状各异的杯子会吸引坏坏的注意力，放根吸管，坏坏看着玩着就能喝很多水。

方法二：把喝水变成游戏

在家时，我和坏坏经常玩一些亲子小游戏，以喝水作为奖励。他做得好时，我就说："呀！宝贝你真棒，来和妈妈干一杯！"这时，坏坏会把喝水当成是妈妈给自己的奖励，所以很高兴，也很愿意过来和我干杯。

对于宝宝喝水，我还有一个小窍门：面对不爱喝水的宝宝，妈妈带宝宝出门时，可随时带上宝宝的水杯，哪怕是带他（她）在小区溜达一圈也不例外。边走边和

宝宝玩"赛跑"的游戏，第一个到达目的地就奖励喝水，但要提前给宝宝说明比赛规则。

在和宝宝"喝水"比赛的过程中，不管用什么方式，妈妈都一定要故意输给宝宝。宝宝喝水时还要说鼓励的话，这样宝宝会很乐意多喝水。

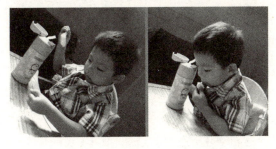

▲ 妈妈只要多想办法，宝宝就一定能爱上喝水！

 笨妈育儿经

当妈妈的应该都知道，孩子多喝水好处很多。多喝水可以起到"降火"的作用，还可以有效降低流行性病毒感染的概率。秋冬季节气候干燥，水分是宝宝娇嫩肌肤的忠实护花使者，水分可以滋润肌肤，并使皮肤中的水分与油脂保持平衡，让皮肤光泽而有弹性。

▲ 口水巾是打扮宝宝的潮物之
一，不仅实用，而且时尚。看，
坏坏围上口水巾的样子是不
是很酷呢？

17
笨妈妙招（二）：三招打造自信宝宝

我以前脾气比较大，看见坏坏淘气不听话，忍不住
就想生气。

此前，我们楼下有一位妈妈，每次在宝宝玩得正尽
兴时，就在一旁大喊大叫，跟宝宝说不能玩这个、不能
摸那个，听到妈妈的呵斥后，宝宝的表情总是一副无奈
和扫兴的样子，脸上的笑容瞬间没了。在这位妈妈的身
上，我见到了自己的影子，惭愧啊！

为此，我反思自己，是不是对坏坏操心太多了？只
要不牵扯到安全问题，我为何不给宝宝创造一个自由玩
耍的空间呢？之后，在小坏坏玩时，我则坐在一旁看看
书、做做手工或趁此抽空给皮肤做个保养，坏坏玩得舒
心了，我也有时间放松了，一举两得。

为了给儿子树立自信，我摸索出以下三个小妙招：

第一招：不压制儿子，让他自由玩耍

玩是宝宝的天性。宝宝需要带着童真的想象力尽情
玩耍，喜欢怎么玩就怎么玩，哪怕是捏泥巴，弄脏了可
以洗，千万不要阻止宝宝去探索世界，要给宝宝一个自
由的空间，让他尽情地去玩、去探索。后来我做到了，
放手了，坏坏就收获了更多的快乐。

第二招：不把气撒在儿子身上

有时候，妈妈会有一点小情绪，爱把气撒在宝宝
身上，但事后真的很后悔。因为这样做很容易让母子
情感越走越远，也会让宝宝的心灵受到一定的伤害。

我不管心情有多么不好，在坏坏面前，我总保持着一张笑脸，和坏坏一起做快乐的事，以把更多的自信和快乐传递给他。

第三招：配合儿子，表扬他

我经常"配合"坏坏，假如他兴致勃勃地说："妈妈，看我垒的积木高不高？"这时，我一定是十二分的肯定，大声说"高""真棒啊"等夸赞之语，而在受到表扬后，坏坏会更加努力地去做一件事。对坏坏来说，妈妈的肯定是一种莫大的快乐。

平时，坏坏一不规矩，我就会吼几嗓子。慢慢地，坏坏看见我生气就有点胆怯，有时想玩什么还要看我的脸色。当我看到坏坏转变成"乖宝宝"的表现时，头脑清醒了，反而为"乖宝宝"开始恐慌了。因为这意味着坏坏在我面前变得不自信、不快乐了，这可怎么办呢？为此，我改变了育儿态度，决定做一个有耐心的好妈妈。

▲我虽然是叫坏坏，但在妈妈眼中是个乖乖男哦。

 笨妈育儿经

其实，宝宝永远都愿意自己动手探索，如果父母总是一手包揽全部，宝宝们会慢慢失去动手的兴趣，并产生对父母的依赖感。对妈妈来说，适当放手是一种休息和放松，也是对宝宝独立能力的锻炼，我们又何乐而不为呢？

▲ 看着儿子灿烂的笑容，付出
多少都值得。

18
笨妈妙招（三）：打造甜蜜亲子关系
的小秘诀

妈妈们每天总是早上匆匆忙忙地离开，傍晚疲惫不堪地踏入家门。

有时候，妈妈们爱抱怨"最近宝宝为什么和我不亲了？""回家后，宝贝怎么对我视而不见？""宝贝怎么不黏我了，心里有点失落"……妈妈们常常忘了，一天24小时中，你和宝宝相处了多少时间？为了工作，你忘了和宝宝一起生活。为此，宝宝"冷落"妈妈的反应是很正常的。

我也是一个职场妈妈，不妨秀一秀我们的母子生活：

母子生活秀一：每天早上比坏坏早起半小时

每天早上比宝宝早起半小时做什么呢？

大部分的妈妈可能和我一样爱睡懒觉。晚上往往喜欢熬夜，早上总有多睡一秒是一秒的思想，临到上班时间时，才火急火燎地起床。每当此时，宝宝如果故意要赖不起床或磨磨蹭蹭不动弹，妈妈一般就会不耐烦地发脾气。

为了不让这种情况发生，我一般每天早上比坏坏早起半小时，先打开窗户，让清晨的空气洒入房间；在坏坏还没醒来时，为他做一份爱心早餐。一切准备好后，再给坏坏一个甜蜜的亲吻，唤他起床，还不忘送上一句快乐的问候："宝贝，早上好！"

母子生活秀二：下班后，对坏坏不烦躁不抱怨

下班后，妈妈急匆匆赶回家时，还有一堆家务要做：卫生间里的脏衣服需要洗、宝宝的玩具乱七八糟扔得到处都是、茶几上摆放得凌乱不堪……此时，也许爱整齐和爱干净的妈妈们会边收拾东西边抱怨、唠叨，爱对宝宝说"看你又把衣服弄得这么脏""玩具怎么到处乱放""怎么总是这么淘气"等，几句话下来，宝宝也会慢慢讨厌起妈妈回家了。

我下班回家后，总爱给坏坏一个甜蜜的笑脸和一句关切的问候，不在坏坏面前不停地抱怨说"今天累死了""今天那个客户又怎么……"家是私人的，回家就不要说工作了。

母子生活秀三：陪坏坏入睡，少不了说些甜言蜜语

哄宝宝睡觉要有足够的耐心和技巧，以前我在这方面很弱智，哄坏坏睡觉总是先威逼利诱，当这种方法行不通时，再转换成河东狮吼，最后让坏坏脸挂泪水委屈入睡，有时候还因此而半夜惊醒。为此，我自己又懊悔又心疼，心想一定要改变方法让坏坏在自愿和放松的心情中甜蜜入睡。

睡觉前，坏坏要玩不想睡时，我就陪他玩，但提前约定玩的时间和次数；在坏坏有困意时，我就找机会温柔地搂着他，轻声细语地说些甜言蜜语，他很快就会带着微笑睡着了。

其实，下班后，人累了，不妨休息一会儿，和宝宝玩一玩，借此放松一下心情。换一个心态陪宝宝，就会有不一样的心情。

笨妈育儿经

事实上，妈妈的每一份用心和付出，都会让宝宝每一天都有一个美丽的梦。同时，宝宝也会把心中最真的那份感情留给最亲、最温柔、最可爱的妈妈，这样甜蜜的亲子关系，人人都会羡慕。那还等什么，从现在开始，妈妈们一定要做一个淡定的妈妈，用热情、包容、拥抱、平静和耐心去爱家、爱宝宝。

▲ 布积木也是一款很不错的玩具，不仅可以垒起来玩，还可以认识上面的图案、颜色等。并且，也不用担心棱角会伤着宝宝。

19
职场妈妈的亲子时光

我是一个职场妈妈，最大的遗憾就是陪坏坏的时间很少。

我们公司离家很近，开车大约 20 分钟，上下班时间为朝九晚五。平时也很少加班，每天陪坏坏的固定时间都安排在下午下班后。下午 5 点下班后，到家基本上 5:30 左右，陪坏坏吃完饭大约 6 点，这个点也是我正式陪坏坏的开始。

18：00-19：00 户外活动

夏天一般 6 点的时候天还很亮，我会带着坏坏去享受一小时的户外亲子活动。平时我喜欢给坏坏拍照，会背上相机，领着我的小可爱去小区里边玩边拍。有时候，楼下的小孩会很多，有骑单车的、放风筝的、滑滑板的，很热闹，我会带着坏坏一起融入其中，和孩子们追逐嬉戏，不亦乐乎，他们童真的笑声，让我深深地陶醉……

19：00-20：00 亲子阅读

一小时的户外活动结束后，天也渐渐黑了，和小朋友们告别，我带着小坏坏才恋恋不舍地回家了。回家后干什么呢？7 点睡觉似乎还很早。这个时间当然不能浪费，那就亲子阅读吧。

坏坏很喜欢看绘本，白天没时间陪他看，便把亲子阅读安排在晚上。和坏坏盘坐在一起，声情并茂地给他讲解着，看着他满足的微笑，那是一种莫大的幸福。

20：00-21：00 亲子游戏

到8点后，坏坏该上床睡觉了，母子玩游戏必不可少。

一般八点一刻，我们母子双双洗漱完，爬上床，此时床上的东西会被我们当成游戏道具，痛快地玩一番。这时，也许会有人说，睡前不能让孩子太兴奋了，否则孩子很难入睡，这种现象在坏坏的身上以前有过，目前不存在了。和坏坏玩之前，我会约定好玩多长时间、玩到几点等，这些我都会提前跟他讲明，所以到时间了他就会很听话地躺下睡觉。

在床上，坏坏喜欢用被子蒙住自己，和我玩"躲猫猫"；喜欢扔枕头，和我互相"打"；喜欢把我的长发盖在他脸上，当面具玩"吓人"。我们总有玩不玩的小花样。

夜静了，一天的时光结束了。

坏坏依偎在我的身旁，安静地睡了，嘴角总是挂着一丝淡淡的笑意。

第二天清晨，我用一个淡淡的吻，不舍地告别了熟睡中的宝贝，又开始了一天繁忙的工作。

坏坏快两岁了，我们母子在一起的时间渐渐少了。每天只能在下班陪他玩一会儿，所以下班后的时间，我会全部用来陪坏坏，这段短暂的时间是我和坏坏最亲密的时光，也是我一天中最幸福的时刻。

笨妈育儿经

作为一个职场妈妈，我深深地感觉到和孩子在一起的时间有限，可谓是"一寸光阴一寸金"。和孩子在一起的时候，妈妈一定要对孩子的提问和要求进行积极回应，同时也要表现出很好的精神状态和耐心，这样才会让亲子时光变得快乐轻松。

20
寻找童年玩伴

坏坏快到两岁了。两年来，和坏坏一起走过的每一分每一秒，在我的脑海里都有着深刻且难忘的记忆；坏坏的每一个第一次，留给我的除了惊喜就是无限的感动。

7 个月，坏坏开口叫"妈妈"。

11 个月，坏坏小心翼翼地学站立。

1 岁 25 天，坏坏开始独立走世界。

1 岁 5 个月，第一次稚嫩地喊出"我喜欢妈妈"。

我享受着有坏坏的生活，陪坏坏一起嬉戏、一起阅读、一起带着骨头在小区里寻找狗狗，欢声笑语洒遍了每一个角落。有时候，我也和坏坏一起疯狂、呐喊、撒欢、追逐，用坏坏爸的话说：你妈就像个"疯婆子"！嘿嘿！坏坏爸那是在羡慕我们母子的快乐生活呢！

小坏坏每一次从外面玩耍回来，和爸妈总有说不完的话，比如，哪个小朋友尿裤子了，哪个小朋友没有玩上玩具哭了，哪个小朋友摔倒了谁扶她起来，哪个小朋友分给大家饼干吃……在坏坏和小朋友们的玩耍中，坏坏享受到了童年的快乐，也学会了分享，学会了选择，学会了照顾人，增强了责任感和团队意识。

有时候，我觉得坏坏一个孩子太孤单了，想着想着就有了生二胎的想法，但想归想，条件不允许，自己也没那个能力养两个孩子。既然给孩子添不了一个兄弟姐妹，那就只有抽空多带他参加户外活动，给孩子找同龄玩伴玩了。

童年需要玩伴，有玩伴的童年，才精彩无比！

笨妈育儿经

对我来说，家长带宝宝经常到户外活动，不仅可以让宝宝呼吸到新鲜的空气，沐浴到温暖的阳光，也可以促进宝宝对钙质的吸收，使宝宝的骨骼长得更健壮结实。更重要的是，户外活动还可以让宝宝找到玩伴，认识更多的小朋友，让孩子的童年不再孤单。

第四章

2~3 岁：
"妈妈，我喜欢你！"

● 书虫　● 烫伤　● 频繁打人
● 上幼儿园　● 病毒发烧

1
坏坏的阅读史

坏坏2岁了，会说话，爱翻书，也更加懂事了。

坏坏总能给我带来无限的快乐，每一个精彩的瞬间、每一个小小的进步都能让我回味无穷、感慨万千！

当我看到他拿着一本书认真阅读的可爱样子时，心里好欣慰。小家伙爱乱翻书，"阅读史"已经有1年多啦！

坏坏2岁前的阅读生涯如下：

好奇期：看书很认真，看完就撕书

坏坏在我的引导下第一次看书时，阅读得有模有样的，尽管一个卡片或画册从头到尾不知道看什么，但那股认真的表情，足以让人捧腹大笑。只见他双手握书、目不转睛、神情专注，真有一点专家的味道哟。坏坏有最童真的好奇心，翻书就是好奇，每次忙的时候，我便随手递给他一些卡片或画报类读物，他会安静地看好长时间，而最后都会将其撕毁。

兴趣期：看书会"咯咯"笑，似懂非懂

随着坏坏慢慢长大，他翻开任何读物看，不再只是看"热闹"和"搞破坏"了，他会在手中翻来覆去地看，好像能看懂一些似的。10个月时，小坏坏对书中亮丽的景色画面、可爱的卡通人物等，逐渐产生了阅读的兴趣，每一次翻开书，他都能从中找到乐趣。偶尔一个人看着看着，他还会发出"咯咯"的笑声，在他自己的认知世界里，他什么都懂。

▲ 《大卫，不可以》是坏坏最喜欢的绘本之一，也是坏坏童年里不可缺少的一本书。

模仿期：自己动手吃饭，拒绝喂饭

坏坏自从 16 个月以后就大不一样了，我发现他看书时，有时会若有所思。有时嘴里还会"呜啦呜啦"地给我讲一大堆，我发现，他通过书中的画面一知半解地看懂了一些故事情节，还能模仿其中的人或动物了。看到书中的人物动手用勺子吃饭，他也开始拒绝让我喂饭，自己动手来吃饭了。

记得有一次，坏坏看到书中"布奇"拿着笤帚帮妈妈干家务，忽然跑去厨房也拿来了笤帚递给我，手不停地给我指地板。原来我在吃瓜子时，在地上撒了几颗瓜子皮，坏坏表达不清楚，便一个劲地示意我用笤帚扫。当时我既惊讶又激动，我的坏坏真的懂事了。

看来，让坏坏看早教书，对他的影响真不小。

笨妈育儿经

坏坏 2 岁后，书不再是他手中随意破坏的玩物。17 个月时，我还专门给坏坏设立了属于他自己的小书架。每次他想看书时，会自己从书架上取下，看烦了会放回原位。看来，坏坏做事情有了条理和思路，这个小小的进步让我感动不已。

▲ 坏坏总是爱在我的书架上翻来翻去，还问："妈妈，你的书里怎么都没有图画？"

2
六一儿童节的母子超级对话

坏坏两三岁那年的六一儿童节，我们母子双双身体不适。

先是坏坏肚子疼，匆忙去了医院。结果小家伙极不配合，没能做B超，只好放到第二天早上再去做。

▲ 六一儿童节，和坏坏在公园里一起享受亲子时光。

我呢，脚部真菌感染，早上一起床，整个脚肿得像面包一样，本以为没什么，抹点药膏就没事了。坏坏爸一见我的脚，说不容忽视，反正要和坏坏去医院，也顺便看看脚吧。

不看不知道，一看吓一跳，医生看了我那只"肥肥的脚"便说："给你开住院证明吧，这很严重，最少要住院两个礼拜。"没办法，我只能去单位请了长假，开始了我的治疗生涯。

本来儿童节要专门请一天假陪儿子，没想到这一请竟变成了长假。早上，我和儿子双双睡到自然醒，梦醒时分，我们母子懒洋洋地望着窗外，深情对话……

超级对话一：妈妈，什么是六一儿童节？

我问坏坏："宝贝，今天是六一儿童节，祝你节日快乐！"坏坏说："妈妈，什么是六一儿童节？"我说："六一儿童节就是孩子们的节日！"坏坏说："孩子们的节日是什么？（又绕回去了）"我无语，不知道如何回答了，便绕开了话题。

超级对话二：十万个为什么

我对坏坏说："儿子，今天儿童节妈妈带你去做'摇

摇'吧。（'摇摇'是电玩，坏坏一直这么叫）"坏坏高兴地说："在哪坐？"我说："在步行街。"坏坏问："哪个步行街？"我说："就是你上次去的那个步行街。"坏坏眼睛一转："上次去的哪个步行街？"我说："西部商城那个步行街。"坏坏又问："西部商城在哪？"我晕！搂着他狂笑了一番。

超级对话三：妈妈臭美呢！

我洗完脸后，给脸上拍水，坏坏问："妈妈干什么呢？"我说："妈妈抹点香香。"小家伙竟然不屑一顾地说："哦！妈妈臭美呢！"我一愣，忍不住扑哧一下笑了。

25个月后的小坏坏，语言能力真是突飞猛进，只有我想不到的，没有他不会说的。上午从医院回来，本想带宝贝去玩一会儿，可天公偏偏不作美，竟然下起了小雨，我只好作罢。

不过这个六一儿童节也不错，小坏坏收到了不少礼物！也算是过了一个不错的儿童节，只是可爱的小人儿还并不能完全理解儿童节的含义。

笨妈育儿经

2岁的宝宝开始有了很强的好奇心和求知欲，并且，常常按照自己的思维方式做事。这个时候，家长一定要多多鼓励宝宝，让宝宝自己探索，反复尝试，你只需要保护好他的安全就可以了。

3

儿子出手（一）：为妈妈搭配衣服

有一个周末，我计划带坏坏出去转转。

早上，坏坏醒来后喊妈妈，我迅速走到卧室。他一见我就说："妈妈今天穿这件衣服？"小家伙细致的观察能力令我惊讶，刚醒来就知道妈妈换了新衣服。

我笑答："嗯！宝贝觉得怎么样？妈妈穿这件漂亮吗？"小家伙得意扬扬地说："漂亮，妈妈穿这个真好看！"我一听儿子的赞美，心里真是美滋滋的。

我给坏坏穿好衣服，吃完早点后准备出发，他望着我说："妈妈穿这个衣服，不穿这条裤子。"我问："为什么？"坏坏说："不好看。"我有点不理解，说："怎么了？你刚不是说好看吗？快走吧！"坏坏说："不行！不穿这条裤子嘛！"

坏坏跑进我的卧室，不一会儿，从衣柜里拉出我的一条紧身七分裤，递给我说："妈妈，穿这个！"我说："不换了吧，太麻烦了，妈妈觉得穿这个好看着呢！"坏坏说："不行，妈妈就要穿这个嘛！"我有些无奈，说："好，听宝贝的，妈妈换！"

换好了衣服，我走到镜子前，仔细打量了一番，发现坏坏给我挑的七分裤就是比刚才搭配得好看呢，看来他的眼光很不一般啊！我拉着坏坏到门口鞋架子前，准备换鞋，小家伙站在架子跟前仔细打量我平时穿的凉鞋、凉拖、运动鞋、休闲鞋后，又挑了一双水晶凉拖递给我，说："妈妈，穿这个！"我真的有点震惊了，本来我也准备选水晶凉拖的。没想到，坏坏竟然跟我想的一样！

笨妈育儿经

作为一个妈妈，我很了解自己的孩子，坏坏做事很有主见，也很执着，只要是他认定的事情就非要办到不可，假如我不换，他可能会一直纠缠下去。小小两岁的小人儿，竟然会打扮妈妈了，看来以后搭配衣服不问坏坏爸了，直接问小人儿就行了。

▲ 坏坏在地上捡了几片树叶和一个掉落的无花果，拼了一幅"大树上，长果果"的作品。孩子的思维，有时候真的很可爱。

4
儿子出手（二）：自创"大树"，还长个"小果果"

有一天，吃完晚饭，我和坏坏冲下了楼，去花园玩。

刚走到健身器材旁边，坏坏就被地上的叶子吸引住了。他把一片一片的叶子捡起来，放在我的手中，还不时叮嘱我："妈妈拿好。"起初，我还有点好奇，心想捡叶子干什么呢？看坏坏捡得很认真，我也不好意思去打扰他，只是蹲在一旁帮他拿着捡好的叶子，并默默地看着他的一举一动。突然，坏坏有点兴奋地说："妈妈你瞧，我捡了一个果果！"

我仔细一瞧，原来是一个未成熟的无花果。我忙说："宝贝，这可不能捡，很脏的，快扔了吧。"儿子有点不舍地说："妈妈我只是捡来玩一玩嘛！"我说："哦，那你玩吧。"过了一会儿，坏坏高兴地说："妈妈，我捡够了，给我吧！"我好奇地问："你要做什么？"坏坏更加兴奋地说："我要摆个大树！"我笑他："几片叶子就能摆一个大树？"坏坏有些不服气地说："妈妈，能嘛！"坏坏说话总爱带个"嘛"字，可爱十足。

坏坏接过叶子放在地上，一片一片地认真摆了起来，不一会儿"大作"就完成了，他指着手上剩余的果果说："妈妈还有这个干什么？"边说边探头思考。我故意问他："你说这能用来做什么呢？"坏坏突然眼睛一亮，说："妈妈放在这！"说着，坏坏把无花果放在了"树"上。随后，他得意扬扬地说："妈妈，树上长了一个果果。"此时，我真的有点惊奇了。

笨妈育儿经

以前，我很少允许小坏坏在地上乱捡东西，总是怕他弄脏手或感染上细菌。其实，孩子在童年都有一颗好奇心，如果事事都阻止，岂不是扼杀了孩子探索的机会？再后来，只要他不捡垃圾之类的，我一般就让坏坏尽情去玩，他想干什么就干什么，我出门随时带上湿巾和消毒巾之类的就行了。

5
奶爸一天中的三件郁闷事

每天早上叫小坏坏起床的温馨时光，都令我这个当妈妈的很享受。

小坏坏睁开眼睛，对我说的第一句问候是："妈妈，早上好！"每逢此时，我都会轻轻地吻一下他的额头，也说一声："宝贝，早上好！"

有一个周末的早上，我打算多睡一会儿，却莫名其妙地醒来了，实在躺不住了就去了客厅，身旁的宝贝依然在熟睡。过了一会儿，听到小坏坏喊妈妈，我赶紧大步走了过去。到了卧室门口，我听到坏坏爸应声了，就停下了脚步。

于是，让爸爸郁闷崩溃的事情发生了。

郁闷事一：爸爸走开，我要妈妈！

我站在门口，静静地观察坏坏爸叫小坏坏起床。坏坏爸轻轻说："嗨，宝贝早上好！"说话的声音比我还温柔。小坏坏睁开圆圆的大眼睛，立马大叫："爸爸走开，我要妈妈，你别过来。"话音未落，小坏坏就用手做出拒绝的动作，很不耐烦地说："就是不要你，你快去叫妈妈。"太打击坏坏爸了，他自言自语地说："太伤自尊了，热脸碰了个冷屁股！"

郁闷事二：爸爸，快起来，叠被子，擦地板！

我和小坏坏悠闲地吃完早餐后，在客厅"叽叽喳喳"地瞎聊，半天没见坏坏爸的身影，我一猜他肯定又去睡

▲ 形状各异的彩色积木是不错的玩具。坏坏经常会用这些积木来盖房子。

回笼觉了。于是，我故意提高嗓门："……快起来啦，把床收拾一下，地板擦一擦。"小坏坏也立马跑去了卧室，叫道："爸爸，快起来，叠被子，擦地板。"坏坏爸睡意朦胧地说："让爸爸再睡一会儿。"小坏坏说："不行，快起。"坏坏爸被坏坏纠缠得不得不起床，只能无奈地说了一句："小家伙，你就跟你妈妈学！"

郁闷事三：爸爸走开，爸爸别动妈妈！

晚上睡觉前，小坏坏和我在床上玩得天翻地覆，很开心。坏坏爸很羡慕，想和我们母子一起玩，又怕遭到小家伙儿的拒绝，只好给宝贝说了一大堆好听的，以分散他的注意力，悄悄地融入进来。随后，在玩的过程中，坏坏爸偶尔靠着我或故意欺负我时，小家伙就一百个不乐意，上来将他推开，嘴里还嘟囔着："爸爸走开，爸爸别动妈妈！"坏坏一本正经的表情几乎都能让我笑翻，无辜的坏坏爸满脸无奈，只能叹气说："哎！这是我老婆好不好？"

谈起带孩子，坏坏爸总说我不如他：一来没他有耐心，二来他会换花样陪孩子玩。尽管这个超级奶爸如此会带孩子，小坏坏偶尔的表现还是让他有点小伤感。在睡觉前和刚醒来后，小坏坏谁也不要，只要妈妈，连我也很纳闷！每逢此时，旁边的老公就会投来羡慕的目光，他不止一次地反问：这小子为什么睡觉醒的那一刻，看见我就那么讨厌呢？

这个问题我无从论证，可能小坏坏已经习惯了我哄他入睡，唤他起床。其实，平时玩的过程中，小坏坏还是喜欢和爸爸在一起多一点，我希望小坏坏偶尔的逆反表现，不要打击可爱的"奶爸"哦！

其实，小坏坏平时也很爱爸爸的！

笨妈育儿经

在孩子的成长过程中，大部分都是妈妈陪的时间多，爸爸是家里的主力军，工作上比较忙，陪孩子的时间可能就少了点。为此，孩子黏妈妈可能会多一些。我建议爸爸们尽量多抽时间陪孩子，周末常带孩子去郊游或放放风筝，以加强父子或父女之间的亲子关系。

6

心痛：儿子三天烫伤两次

2010年8月中旬，儿子接连被烫伤两次，不过幸好两次烫伤都不是很严重，要不然我这个当妈妈的真要被批评了。

小坏坏这两次被烫伤都是因为我的大意造成的。第一次烫伤是在吃晚饭时，我把小坏坏安排在餐桌旁的baby椅上，转身去了洗手间，不到一分钟，我就听见坏坏的哭声，没来得及冲手上的洗手液，我就飞奔了过去。只见小坏坏满身的饭粒，一声声喊着："妈妈，烫！妈妈，烫！"看到坏坏爸端着洒了一半的稀饭碗，我才意识到坏坏被烫了。我赶紧把坏坏抱到洗手间，用水冲去他手上的饭粒。

第二次烫伤也是在晚饭时分，小坏坏坐在baby椅中，我喊了几遍吃饭，他却和我玩起了"藏猫猫"，就是不肯过来吃饭。我一想刚盛的稀饭太烫了，还不如让他多玩一会儿，等凉一会儿再吃，索性就在客厅里入迷地看上了电视。

小坏坏不知道什么时候窜到了餐厅。我忽听一声惨叫："啊！妈妈，哇哇哇……"我一个箭步跑去餐厅。原来，小家伙爬上了大人的餐椅，打翻了一碗热气滚滚的稀饭，满身、满手都沾满了饭粒。和第一次一样，我抱起他就往洗手间冲去。

其实，带孩子一点都马虎不得。坏坏被烫伤后，我最应该反思了。

笨妈育儿经

尽管小坏坏第一次被烫伤纯属意外，我还是三番五次地告诉他，不能在饭桌前玩耍，不能动饮水机，不能拿锅里的东西。可是，事隔一天，小坏坏又一次被烫伤了，与前天被烫的唯一区别是纯属小坏坏淘气引起的。看来，家长带孩子真是一刻也不能掉以轻心，危险处处存在，一定要仔细、用心啊！

7
母子同床睡的抓狂事

坏坏刚出生那会，爷爷奶奶就为他准备了可爱的小床，但考虑到分床睡夜间不方便哺乳，所以放弃了让他睡小床的念头。在这母乳喂养的 15 个月里，我们母子夜间几乎没有分开过，这种同床共枕的生活，让坏坏对我产生了深深的依恋之情。

在夜间，坏坏翻身的时候习惯用手搂住我的脖子，有时嘴里还会含糊地叫一声"妈妈"，直到我答应后，才会又一次甜甜睡去；而我，也习惯了半夜醒来就能随手摸到他，每天早上第一眼就能看见他可爱的睡态。就这样我们彼此依恋着，一直没有舍得分开过。

凡事都有两面性，和坏坏同床睡有快乐和甜蜜，同时也有烦恼和无奈。在忙碌了一天回来，吃完饭陪他玩一会儿后，我就已经十分困倦了，想着早早把他哄睡着，好清闲一会儿，可小家伙却并不买账，不但不睡还要缠着我陪他玩，怎么赶都赶不到爷爷、奶奶或爸爸那边去。

有时，累了、倦了哄坏坏睡觉，他又不睡，我就很恼火，总是控制不住情绪，对小家伙一顿狂吼，心想为什么不让我清静一会儿呢？非要缠着我，干嘛呢？有时候职场的压力，也会让我对孩子产生一时的厌烦感。当看到坏坏委屈地抹着眼泪，静悄悄地躺在我身旁乖乖入睡时，我的内心其实非常后悔。每当这时，我就把他搂在怀里，也跟着默默地流眼泪。

我带孩子很容易情绪激动，缺少耐心，这一点我也深深反思过。也许，累了跟宝宝讲道理，先让他去找爷爷、奶奶或者爸爸玩会，形成习惯后，就不会出现这些矛盾了。

笨妈育儿经

有时，我总是忍不住对孩子发火，但孩子在妈妈跟前闹，也是爱妈妈的一种表现。此时，妈妈们应该压住蠢蠢欲动的火气，冷静片刻，想想解决的办法，采取冷处理的方法，也许会起到意想不到的效果。其实，做父母的也有累的时候，这时就应学会善待自己，稍微休息一下，孩子也是可以讲道理的。

8
两岁多小人儿的三大变化

2010 年 8 月后，坏坏要进入 28 个月的成长期了。

9 月 1 日，上学的孩子要正式开学了。我看着比坏坏还小的宝贝们都已入托，心中很纠结，最终还是决定不上，再玩一年，毕竟孩子的童年只有一次，快乐最重要！

坏坏 27 个月的惬意时光已走过，一起来见证一下这个淘气的小人儿都有哪些变化吧！

总的来说，坏坏在成长中有以下三大变化：

▲ 为了鼓励坏坏做事的积极性，我买了各种贴纸，只要他表现好就给他贴一个。

第一大变化：自立——"我长大了"

某一天，坏坏突然自己穿好了衣服和裤子站在我面前，在我惊讶的同时，只听他说："妈妈，我就是长大了，我都会穿衣服了。"

吃饭期间，他会大口大口地用勺子自己吃，吃完拍拍肚子，又是一句："妈妈，——长大了，会自己吃饭了。"

晚上和我一起洗漱，小家伙也学着我的样子认真刷起了牙。刷完后，他把牙膏和牙刷摆放整齐，对我说："妈妈，我不用你帮我刷牙了，我长大了……"

终于，在坏坏给我说了 N 个"我长大了"之后，我不得不承认他长大了，能慢慢自立了！

第二大变化：懂事——"妈妈我帮你吧"

当我每天早上叠被子时，坏坏会说"妈妈我帮你吧"；当我给他洗脚时，坏坏会说"妈妈你也坐下，我给你洗"；当我对坏坏说把玩具玩完后，要收好放整齐时，他会乖

乖地说"好的"；当别的孩子要玩他手上的玩具时，他会说"那我给你，我们轮流玩，好不好？"……

太多太多的小事情让我看到了坏坏善良、懂事、可爱的一面。

第三大变化：坚强——"我可勇敢了！"

有几天小家伙发烧，坏坏爸带他去打针，针扎上后，小家伙给我打来了电话，还没等我开口，他就说："妈妈，一—打针不哭，我可勇敢了……"上着班，听到坏坏这样的话，我忍不住流下了眼泪。

以前坏坏每次打针时都会哭着喊"妈妈"，手一定要搂着妈妈的脖子。这次没有妈妈在身边，还来安慰妈妈了，我的坏坏真的长大了，比我想象的要坚强得多。

小坏坏真的长大了，变得懂事又坚强起来。

坏坏偶有伤痛，还会反过来安慰妈妈说："妈妈没事，一—勇敢。"有一次，小家伙在楼下玩，被一个大一点的孩子"咣"地一下撞倒了，那种惯性撞击力撞一下人绝对不轻。坏坏自己努力爬起来后，对我说："妈妈我摔疼了，我自己爬起来了，我勇敢！"

每一个孩子在妈妈的眼里都是既懂事又可爱的乖宝贝，当然，我的坏坏也不例外。

坏坏长大了，让我从心底感到了当妈妈的幸福！

笨妈育儿经

我常常提醒坏坏"你还没长大呢，这个不能动""那个是大人的工具，小孩子不能用来玩"等，此时，坏坏会立刻辩解说："妈妈，我长大了嘛，我都长高了，让我也试试吧。"虽然每次坏坏提到"我长大了"之类的话，我都不以为然，事实证明，坏坏真的自立、懂事和坚强了，在我的眼皮底下悄悄长大了。

9
用童心欣赏孩子的每一幅作品

▲ 坏坏画了个黑苹果，说："红的不好看！"呵呵，孩子的想法有时候真的很可爱。

　　有段时间经常下雨，一天我下班后，没带小坏坏去楼下玩。忽然，我想起了前几天给宝贝买的涂鸦画册还没玩呢，于是就对小坏坏说："今天下雨呢，我们不出去玩了，画画好吗？"小坏坏爽快地应了声："好！"并搬来他的小凳子，端端正正地坐着等我给他拿画册。坏坏一拿到画册，就兴奋地指着涂鸦册上的红苹果模板对我说："妈妈，我发现了一个大红苹果。"

　　我应付了一句，便转身去卧室拿相机去了。等我回来时，我看到小人儿正认真地画画。

　　我不忍去打扰小坏坏，站在一旁默默看他。坏坏竟然按照样图，一模一样地涂好了另一个苹果，颜色一点也不差。等完全涂好了，坏坏才抬起了头。当他发现我在身后站着时，就自豪地说："妈妈，你看我涂得漂不漂亮？"我连忙点头，肯定地回答："嗯！真漂亮！"

　　这时，小坏坏看着自己的"作品"，又提出新问题："妈妈，苹果都是红的吗？"我随口说："嗯！是啊！"坏坏在油画棒里挑好了一个颜色说："妈妈，我给它换个颜色吧。"画棒是黑色的，我奇怪地问："怎么要涂成黑的呢？"坏坏表情严肃地说："嗯，都是红的不好看！"

　　坏坏说完，又开始认真地涂了起来。不一会儿，他就把刚才涂好的红苹果又变成了黑色，并转过头，得意地对我说："妈妈，这个好看，一个红的，一个黑的多好呀。"

　　我只好无奈地肯定说："嘿，就是不错！"

突然，小家伙眼珠子一转，若有所思地对我说："妈妈，你吃那个红苹果，我吃这个黑苹果，好不好？"我故意反问："这能吃吗？"宝贝淡淡地一笑："能呀，皮一削就能吃。"小家伙用肯定的表情，试图来打消我的疑虑。

过了一会儿，坏坏拿起了那个涂好的苹果，用手做出削苹果的姿势，认真削了几下后递给我说："妈妈，我给你削好了，吃吧！"紧接着他又认真地削起了另一个"黑苹果"，然后做出吃的动作，表情十分淡定自然，满足地"享受"了起来。

看着小家伙那可爱的表情和举动，我不由得笑了，这就是孩子童年中简单、真实的快乐吧！

 笨妈育儿经

以往，两岁的儿子只要拿起油画棒，绝对不按常规画，总是乱涂一通，那天我真的没想到他把苹果模板每一个部分都涂得很仔细，没有出线，颜色也没有搞错。于是，我赶紧拿起相机，把这一幕都拍了下来。每个孩子在妈妈眼里都是最优秀的，哪怕是一次简单的涂鸦，也会被妈妈骄傲地称之为"大作"，嘻嘻！

▲ "画个黑苹果，怎么样？"

10
家长避免孩子说脏话的三点建议

▲ 昔日妈妈眼里的乖乖男，如今真的变成了"小坏坏"。

29 个月的坏坏，说什么话都很可爱，但也会有令人恼怒的话。

我经常和坏坏爸在宝贝睡着后，聊一些坏坏平日里说的童言趣语，小人儿伶牙俐齿，经常让我们聊得捧腹大笑。可最近小人儿的一句口头禅让我很恼怒。每次只要我和坏坏爸在家，坏坏无论干什么都显得比较"嚣张"，假如奶奶要给他喂饭或穿衣服，小人儿都会不屑一顾地说一句："你走开，不让你动，打死你！"

坏坏这样"恶狠狠"的话，让我吃惊，也让我气愤。两岁多的坏坏正处在模仿能力最强的阶段，他肯定是听到有人说才学会的。我开始寻找这句话的来源。

果不其然，有一次坏坏在餐桌上反复玩一个玻璃杯子时，坏坏奶奶走过去告诉他不要玩了，会摔碎的。小人儿把奶奶的话当成了耳旁风，依然玩着，这时坏坏奶奶有点小生气了，又说了一句："让你不要玩了，听见了没有？"说着从坏坏的手上夺过玻璃杯，小人儿不甘示弱地回头去抢，接着坏坏奶奶便说："死犟死犟的，我还管不了你了，再玩打死你！"

当坏坏停止了抢夺后，目光里却充满了怨恨。

起初，我听到从两岁坏坏的嘴里说出"打死你"时，有些惊讶，就立即给他讲道理纠正，并狠狠地批评了他一顿，告诉他，这样说奶奶是一种不文明、不礼貌的行为。我说是说了，做也做了，效果却微乎其微，坏坏偶尔在奶奶面前还是照样说。

我这个笨妈总结归纳了一些家长避免孩子说脏话的建议：

建议一：远离不良环境，不在宝宝面前说脏话

家长不妨仔细想想：孩子为什么骂人、说脏话？如果追根溯源之后，发现他是受到不良环境的影响，那么就该采取环境隔离法，让他远离不良环境，如送到幼儿园，不让他跟一些说脏话的孩子一起玩，为他创造一个文明的环境。

另外，长辈代为养育时，就要告诉长辈，不要在宝宝面前说脏话。

建议二：孩子说脏话时，应及时指出并给予纠正

孩子好模仿，且缺乏判断力，他们往往从电视、电影中，从父母、同伴那儿学来许多脏话和一些不健康的儿歌、顺口溜。

为此，父母应该做好榜样，带头说文明语言，并且要慎重选择影视节目，引导孩子玩文明、健康的游戏，如发现孩子和小伙伴说脏话时，应及时指出并给予纠正。

建议三：冷处理，让孩子觉得说脏话并不好玩

当孩子把说脏话当成口头禅，在大人纠正后仍然不改的情况下，爸爸、妈妈不妨采取冷处理的办法，不打他，也不和他说道理，假装没听见，不理不问。

慢慢地，孩子感到说脏话并不能引起大人的注意，说脏话并不好玩，就会自动减少说脏话的次数。

笨妈育儿经

孩子处在学说话的阶段，好奇心比较强，会情不自禁地去模仿，偶尔听见别人说一句脏话，他不知道这句话的意思就跟着学了。所以孩子说脏话，归根结底责任在大人身上，家长平时就应该从自身做起，为孩子创造一个良好的成长环境。

11

儿子频繁打人，让妈妈很崩溃

周日早上，我和格格妈通了电话，约好带孩子一起去早教中心。

那里有专门供孩子玩的乐园，两个小淘气在儿童乐园里玩着跑着，无比兴奋。玩了大概半小时，格格妈拿出相机给孩子们拍照，我则在一旁看管着这两个不让人省心的小淘气。接着发生的事，让我一下子没了好心情：

▲ 在早教中心，坏坏和小朋友玩滚筒，开始还玩得很开心，不一会儿就打了起来，唉！

事情一：故意推倒小朋友的积木，还打人

玩耍时，坏坏一把推倒了一个小朋友刚刚垒好的积木。我赶紧过去制止，反而激怒了这小子，他举手朝那个小朋友打去，幸好小朋友的爸爸用手挡了一下，才使坏坏没有得逞。

我愤怒了，把坏坏拉到一边，责问他："小朋友又没惹你，你为什么欺负人家？"坏坏一言不发，我讲了一堆道理后，小人儿才答应友好地和小朋友们一起玩。

事情二：玩滚筒，又打人

爱凑热闹是孩子的天性，坏坏看见格格在一个滚筒里面玩，他也嚷嚷着要进去。结果进去之后和格格没玩几分钟，就打了起来，我清楚地记得坏坏一拳打向了格格的脸。看到这一幕，我简直要崩溃了，和他欺负第一个小朋友相隔不到半小时，也就是说，我刚才对他的批评一点作用都没起。我把坏坏从滚筒里拉了出来，说教又批评，真的快气晕了。

事情三：在我眼皮底下，还打人

我带着不快的心情和十二分的警惕，死死地盯着坏坏玩，生怕他再给我惹出什么事端。可是我的眼睛却没有他的手快，在我的眼皮底下，他又一次打了一个小朋友。

原因很简单：他和一个小朋友在小房子中玩，小朋友把小房子的窗户打开了，这引起了他的不满，于是坏坏过去就抓那个小朋友，那个小朋友当时就哭了。

我再也忍不住了，拽着坏坏的胳膊，强行拉到了墙角，打了他屁股一巴掌。

我真的没有耐心再给他讲道理了。大声地问他说："你是不是成了战争分子了？"看我生气的样子，坏坏吓得"哇"地一下哭了，边抹眼泪，边往我跟前蹭，还一边用沙哑的声音一遍一遍地说着："妈妈你别生气，妈妈你别生气！"

听着小人儿沙哑的哭声，我既心疼又无奈！

 笨妈育儿经

孩子就是孩子，批评过后，他一会儿又高兴了起来。尽管孩子之间发生一点小冲突很正常，家长也都会及时地批评教育，但打人毕竟是不好的行为。小坏坏平时那么懂事听话，我不知道他那天为什么屡次打人。看来，我也要好好反思一下我的育儿方式了。

12
爱孩子，就不做强势父母

管孩子是一门大学问。只有尊重孩子、了解孩子，我们才能走进孩子的内心世界。

对孩子多一点耐心

管孩子一定要冷静，方法不可过激，当孩子犯错或不听话时，父母一定要找出原因，心平气和地和孩子沟通。这样，一方面我们可以了解孩子犯错或不听话的原因；另一方面，这也会拉近家长和孩子之间的距离。

倾听孩子的心声

在传统的教育方式中，父母多半是用权威来教育孩子。假如孩子在外面和小朋友抢东西，大部分父母都会把孩子叫过来批评一顿，而很少有人去问孩子为什么抢小朋友的东西。其实，这是我们了解孩子内心世界的一个很好的机会。如果长期忽视孩子的想法，时间长了，孩子就会不愿意和父母沟通，久而久之，代沟就会出现。

做事要和孩子协商，不要强迫孩子

在日常生活中，家长带孩子一般都是自己安排做什么就要做什么，从来不和孩子协商，而是按照自己的意愿去要求孩子。举个例子，孩子正玩得高兴，家长心血来潮非要带孩子外出。此时，很多家长会用"快点"等话来强迫孩子。其实，这时我们可以说："宝贝，你想出去玩，还是在家里玩玩具？我想出门了，给你五分钟把手里的玩具收拾一下，好吗？"

笨妈育儿经

在孩子的成长过程中，父母一定要尊重和了解孩子。同时，对于孩子的一切行为，父母都应该采取平等协商的态度，切不可一味强迫、打骂孩子，因为这只会让孩子感到陌生和恐惧，不利于亲子沟通。

13

我的小情人："妈妈，我喜欢你！"

2010 年 12 月，小坏坏 2 岁 7 个月了，他时而淘气得让人不耐烦，时而又可爱得让人心里一阵温暖。如今，小人儿的那张小嘴更像抹了蜂蜜一样让人甜到心底。每天一下班，当我开门后喊一句："亲爱的，我回来了！"小人儿便像一只快乐的小鸟，欢快地飞过来，搂着我的脖子，左脸亲一下，右脸亲一下，那种幸福的感觉胜过一切一切。

儿子就像是妈妈的小情人，一点也不假。有时候，坏坏爸都会心生嫉妒，醋意大发，哈哈！没办法，谁让儿子长得比爸爸帅，嘴又比爸爸甜呢。

记得有一次，我们去 4S 店，小坏坏在大庭广众之下，抱着我边亲边说："妈妈，我喜欢你！"惹得旁边的几个美女顾问都想过来抱抱他。嘿嘿！小坏坏可爱吧？

生活中，小坏坏就像是我的小卫士。晚上，坏坏提醒我洗脚、刷牙、吃药……总之一样都不落。有时候，坏坏看我梳洗完了，还一本正经地说："妈妈，快来抹这个（我的爽肤水），抹完就变漂亮了。"都说女儿是妈妈的贴心小棉袄，我家的儿子也是。

每当夜深人静，我收拾完一切懒懒地爬上床，悄悄地躺在儿子身边时，看着他那张熟睡的小脸，我心中偶尔也会有一种恐慌感。我盼儿子长大却又害怕他长大，孩子越大离妈妈的心就越远，不知道是不是真的。到时候，他还能像现在一样和妈妈这么亲近吗？

笨妈育儿经

时间过得真快，转眼坏坏快 3 岁了。在这几年里，说实话，我是和坏坏一起成长的。有了他，我才知道什么叫"有儿方知父母恩"；有了他，我明白了为人父母的责任，工作更踏实了；有了他，我也才真正开始反省自己，修正自己……

14

小坏坏的新年愿望："我想要两个妈妈！"

▲ "我想要两个妈妈，一个妈妈上班，一个妈妈陪我。"

2011年1月份的一天晚上，我和小坏坏躺在床上窃窃私语时，突然想到了"愿望"一词，随即脱口而出："宝贝，你的新年愿望是什么？"坏坏定了定神，似乎没听明白什么意思。

我认真地说："愿望就是你现在最想做什么事或最想要什么东西。"我解释后，坏坏似懂非懂，呆望着我。紧接着，我又"唧唧歪歪"解释了一番。

过了一会儿，小人儿若有所思地说："妈妈，我想一想。"听了这句话，我心里稍稍有点安慰，以为他听懂了。结果，坏坏说："妈妈，我的新年愿望是再有一个妈妈！"我晕，这叫什么愿望？

我定了定神，问道："宝贝，你的愿望好奇怪，为什么有这么一个愿望？"坏坏似乎又没听懂，我干脆直接说："宝贝！你怎么还想要一个妈妈？不是有一个妈妈吗？"这回小人儿听懂了，笑嘻嘻地说："一个妈妈上班，一个妈妈陪我。"我一听，心里有点沉重。

回想多少个早上，我离开时儿子眼中流露出的那种依恋，让我以泪洗面，独自伤感；有多少个夜晚玩耍，我又忍受不了儿子的淘气，大发脾气。还好，小坏坏总不和我计较，每次下班回到家，他都会送来一个深情的拥抱和香吻。

笨妈育儿经

我虽然一直努力想做一个好妈妈，但我有时真的比较缺乏耐心，遇事时总是很冲动。想想和坏坏在一起的日子里，不是我在教育孩子，而是一直以来我在随着儿子的成长而变得成熟。

15
3岁宝贝眼中的幸福生活

晚上睡觉前，我都会和儿子促膝长谈一番。

坏坏："妈妈，我好喜欢你。"

我："妈妈也好喜欢你。"

坏坏："我叫你大树妈妈吧，因为我也喜欢大树。"

我："好吧，那我叫你小树宝宝吧。"

坏坏："大树妈妈，你好漂亮，你的头发好长好香。"

我："嘻嘻，小树宝宝，你也好帅，你是妈妈的小乖乖。"（哈哈，感觉像在互相吹捧一样……）

坏坏："大树妈妈，我今天过得好高兴。"

我："小树宝宝，这就对了，每一天都要对自己多多微笑，这样才能天天开心。"

坏坏："嗯，多多微笑就开心。那你今天有没有多多微笑？"

我："我多多微笑了，你看，我现在就很开心，因为我和你在一起。"（话音刚落，坏坏就凑过来抱了抱我，意在表达他很爱妈妈。）

坏坏："大树妈妈，我感觉我很幸福。"（说真的，这句话让我有点意外。）

我："喔，那你说说你是怎么感觉到幸福的？"（问这句话时，其实我还担心坏坏听不懂。）

坏坏："因为你很爱我呀。"（坏坏似乎听懂了。）

我："哦，我和爸爸都很爱你，有你我也感觉很幸福。"（这是内心最真最真的一句话。）

坏坏："妈妈，谢谢你爱我，我也爱你。"（说完，坏坏搂着我，开始撒起娇来……）

笨妈育儿经

听完坏坏这些话，我是感动得稀里哗啦。孩子眼中的幸福就是，只要有爱就幸福。这种理解虽然简单，却给幸福下了一个完美的定义。

16
送儿子第一天上幼儿园

2011 年 2 月，小坏坏 33 个月了，该上幼儿园了！

小坏坏入园，我的心情慌慌的，比他还紧张。入园的前一天晚上，我时不时拿过他的小书包来翻翻，也不知要做什么。

第二天，闹钟响了。我收拾好一切后，叫醒了熟睡着的宝贝。

小坏坏懒懒地噘嘴说："妈妈，我要睡觉，你别打扰我。"看着他还想睡的样子，我有点心疼了。无奈之下，我和坏坏爸软硬兼施，将他哄起床了。

收拾整理完，7：45 我们带小坏坏下楼；7：55 准时到达了幼儿园。进园时，坏坏还很开心，送他到了教室，老师接过孩子的手，又跟我们交代了几句，嘱咐我们别多说话。

果不其然，在我把坏坏交给老师的那一刻，我让他跟我说再见，此时小人儿似乎觉察出了什么，拉着爸爸的手死活都不肯松开。

还好坏坏爸会哄孩子，转身抱着坏坏去了玩具室，这时老师也拿了几样玩具，转移了坏坏的注意力，坏坏爸借机离开了。

离开幼儿园时，我还想去再张望一下，又没有勇气靠近，就不安地离开了幼儿园。在上班的路上，我心里七上八下的，对坏坏爸说："我中午要不要给老师打个电话？"坏坏爸很坚定地说："你别打！"到了单位我却完全没有了上班的心思。

▲ 坏坏在幼儿园。

坏坏上的幼儿园离家近，接送方便，路上没花几分钟时间。但想着小人儿这么小，独自在一个陌生的地方，我太担心了。但为了让孩子尽快适应幼儿园，我也只能狠心了。

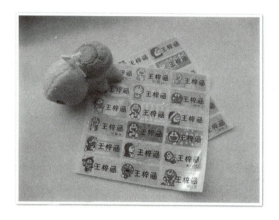

▲ 坏坏要上幼儿园了，为了让老师好区分，我提前在网上给坏坏定做了带有头像的书包、名字贴等，这下老师就不会搞混了。

 笨妈育儿经

孩子上幼儿园，父母首先要相信自己的孩子有很强的适应能力，也要相信老师能把孩子照顾好，要用良好的心态和孩子一起度过适应期。千万要记住，不要让自己的焦虑情绪反过来影响了孩子。

17

选择幼儿园的几个简单标准

　　小坏坏到入园的年龄时，我常常潜伏在论坛和群里，关注幼儿园的一些话题。经常听妈妈们说为宝贝选择幼儿园有多么不容易，比如公立的难进，私立的托费昂贵，公立的师资力量雄厚，私立的硬件设施齐备，等等。看了这些，我才觉得做家长有多么不易，养一个孩子注定要操一辈子心。于是在工作之余，我搜集了一些资料，大致了解了选择幼儿园的几个规则。

　　心里有底后，我和坏坏爸商量，决定先选择幼儿园。提前半年为宝贝选择幼儿园，我以为在时间上应该绰绰有余，事实证明我这个笨妈又慢了半拍：

第一家幼儿园：入园需提前一年参加亲子班

　　我和坏坏爸去了位于小区南边两站路之遥的某幼儿园，知名度还算高，园内环境不错，老师对孩子也很负责，上了这家幼儿园可以优先升入到某小学。这样一来，我就不必再为坏坏的小学择校问题而费神了。但计划总没有变化快，有位妈妈告诉我，这所幼儿园早在前一年就招收亲子班的宝宝了（明年入托的宝宝），报名很火热，很早就报满了，择校费也涨了，入园要一次先交纳一万多。听到这些，我无语了，这个社会太疯狂了。

第二家幼儿园：三年后再寻找小学，再掏高额择校费

　　第二家幼儿园是离家较近的某大学投资建设的。家

笨妈育儿经

　　带宝宝提前熟悉幼儿园的环境，可以使宝宝对幼儿园有初步的印象，以消除陌生感和恐惧感。比如可以带孩子玩玩班里的玩具，看看午睡的小床以及喝水和洗手的地方，闲暇时也可以常带孩子在幼儿园附近转转，玩玩操场上的滑梯等。

▲ 幼儿园各个角落都充满了童真和活力。

里有个亲戚在那儿任教，幼儿园才成立两年，环境设施都是一流的，没有择校费，但每月入托费较高，而且没有对口连带小学可上，三年后还要再寻找小学，再掏高额的择校费，这让我有点犹豫了。

第三家幼儿园：三年后有对口小学，但孩子多

我抱着一丝希望看了第三家幼儿园，向朋友一打听，这所幼儿园三年上完后倒有对口的小学可上，据说那家小学还属于重点。再仔细打听了一下幼儿园的环境和教学，经过初步了解，这家幼儿园也不是很难进，择校费只有几千块，入托费也没有第二家贵，但有一点让我有点激动的心又平静了下来，班里的孩子太多。这么小的孩子正需要细心照料，孩子多了，阿姨们能顾得过来吗？想想还是放弃了。

最后，我总结了选择幼儿园的几个标准：

1. 环境好，干净卫生，安全第一，管理严格。

2. 经济上要根据自身情况，量力而行，不追求高收费就一定好的说法。

3. 接送方便，不给生活造成不必要的紧张感。

4. 上幼儿园也是健康快乐才是第一位的，学习并不重要。

坏坏入园前，我就开始培养坏坏各方面的自理能力了。比如自己吃饭、喝水，自己上厕所脱裤子尿尿（最起码也要教会他如何向老师寻求帮助），能穿脱简单的衣物等。

18
儿子不上幼儿园的三大理由

孩子刚到幼儿园，是有一段适应期的。坏坏上幼儿园后，也总爱找一些不上的理由：

理由一：我不要上幼儿园，你陪我吧

周末，小人儿非要枕着我的胳膊睡觉，睡着睡着，坏坏突然说："妈妈，你不要上班了，我也不要上幼儿园了，你陪我吧。"睡梦中，他说得很清晰，说完又安静地睡了。

理由二：我在家会听爷爷奶奶的话

一天，我问坏坏："宝贝，现在觉得幼儿园好玩吗？"他一本正经地说："妈妈，幼儿园那些玩具我都玩过了，没意思，妈妈，我不上了好吗？我在家会听爷爷奶奶的话。"

理由三：幼儿园的小朋友太少了

坏坏入园的第三天晚上，我哄坏坏睡觉，他一个劲地说："妈妈，我不要上幼儿园了。"我追问："问什么？你不喜欢幼儿园吗？"坏坏说："我一点也不喜欢。"我有些疑惑地问："你告诉妈妈为什么不想上幼儿园了？"坏坏奇怪地回答："幼儿园的小朋友太少了。"

这时，父母要多给孩子制造爱的氛围，同时尽量保持家中往日平静、温馨的气氛，不要过分渲染对孩子入园问题的关注，以免造成孩子的紧张情绪。

笨妈育儿经

孩子刚上幼儿园，很容易产生失落、焦虑和不知所措的感觉，有时甚至会担心爸爸妈妈不要自己了。对于这种情况，爸爸妈妈不要过分担忧，只需要和孩子培养好关系，多陪陪孩子，多给孩子一个笑脸和拥抱，并告诉孩子，老师也会像爸爸妈妈一样喜欢他的。

19
儿子扬言要换妈妈

一天晚上，我和坏坏爸带坏坏去给朋友的奶奶过寿。

宴席结束后，朋友留下了坏坏爸等男同胞，说要再叙叙、再喝喝。我们女同胞们各自开车回家了。路上，坏坏坐在前排，又不愿意系安全带，我只好很小心地开车。当到了小区门口右转时，慢行道中央有个行人在打手机，他并没有发现身后有车，我先是闪了一下灯，见那人没理会，就按了车喇叭。刚按响，坏坏就"教训"我了。

坏坏说："妈妈，开车不能随便按喇叭，要不然警察叔叔就会把你抓起来。"我说："哦！妈妈知道，不过那叔叔走在路中间，我是提醒他这样危险！"坏坏说："那你也不能按，如果警察叔叔听见了把你抓起来怎么办？"我说："抓起来你不就没有妈妈了？"小人儿想了半天，说："那我就再找个妈妈。"我很惊讶，第一次听坏坏对妈妈说这样的话。

我故作平静地说："原来你是想重新找个妈妈呀。"小坏坏很干脆地回答说："嗯！"这臭儿子真让妈伤心啊！我冷冷地说："那好吧，我把你送到家门口，你自己上去，明天去找你的新妈妈吧。"坏坏一愣神："那你去哪儿？"我神气地说："我去找爱我的儿子！"

我俩说完后，车已开到了楼底下，我故意一副不高兴的样子，停车后对小人儿说："到了，下车吧。"这时，坏坏觉察出他说的话伤了我，特意撒娇说："嘿嘿！我不找新妈妈了，我就爱你一个人。"说完从副驾驶座上爬过来，在我脸上娇滴滴地亲个没完。

笨妈育儿经

两岁多的坏坏简直是一个伶牙俐齿的小精灵，经常语出惊人。其实，想要孩子的语言能力强，平时就要和孩子多沟通，多交流。和孩子说话时，不妨多问，多说一些他感兴趣的事，这些都会激发孩子的想象力，培养孩子的语言能力。

20
生病（一）：突然发烧，第一次高烧到40℃

周六，我带坏坏去观看幼儿园组织的童话剧。随后，在车上，坏坏突然说要在我怀里躺一会儿，我以为他累了，谁知大约过了20分钟，他的小脸开始发红，我摸了一下他的额头，很烫很烫，我当时就蒙了。

我当即叫坏坏爸就近去了医院，量了体温39.3℃，医生检查完说"嗓子发炎了"，随后又查了血，结果更是让我一惊：病毒性的。医生建议打点滴，由于这家医院离家太远，我和坏坏爸决定回小区附近医院打。半小时后，又到了社区医院，常给坏坏看病的张大夫说不是很严重，建议先吃药观察，如果第二天还持续发烧，就必须打针了。

第二天上午，坏坏似乎又好多了。但下午我连续给坏坏量了三次体温，一次比一次高，我赶紧喊老公去了医院。医生检查完说嗓子都化脓了，必须打点滴，这时我才想到坏坏为什么不想吃饭。3小时的点滴挂完了，坏坏依然高烧不退，医生又给物理降温，但收效甚微，体温一直都维持在40℃。突然，坏坏开始发抖，我特紧张。

这时，医生看烧退不下来，又给开了肌肉退烧针，并嘱咐我给孩子多喂水。打完针20分钟后，坏坏爸又给量了体温，39.8℃，退了一点点，我还是很担忧。整整在医院观察了一个多小时，烧退下来了，医生给我们交代了一大堆后，才让我们回家。

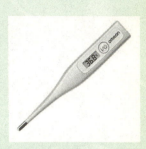

▲ 电子体温器测体温很方便，只需几秒钟，而且简单、安全。

笨妈育儿经

坏坏发烧后，我才体会到什么叫母子连心。孩子生病了，最紧张的是父母。通过坏坏这次发烧，我发现病毒性感冒不能拖，物理降温也不管用。

21
生病（二）：一个月内两次病毒感染

2011 年 4 月，我忙得焦头烂额，坏坏又生病了。

说起坏坏这次生病，我又抓狂了。这次生病距离上次才半个月时间，怎么一上幼儿园抵抗力如此低呢？以前坏坏从来没这样啊。

下午，我带坏坏在楼下玩，期间他咳嗽了两声，我听后，心里就"咯噔"了一下，坏坏咳嗽的声音有点沙哑，我预感到情况不妙。回家后，我赶紧督促坏坏多喝水，可坏坏还是生病了！次日凌晨 4 点钟，小坏坏开始发烧。

我挨着坏坏睡，第一时间感觉到发烧了。我赶紧起床，去客厅找来体温计，叫醒睡梦中的小人儿，给他量了体温，38.8℃，这敏感的数字让我心慌了。半个月前那次发烧就很突然，病毒性的，这次我更是担心。再加上坏坏爸又不在家，万一烧退不下来，我可怎么办呢？我先给儿子倒了一杯凉开水喝，随即又去药箱找退烧药，给坏坏喝下了。我忐忑不安地搂着坏坏，半小时后，他竟然退烧了。

凌晨 5 点，儿子安静地睡了。天已经蒙蒙亮，我却没了睡意。我陪儿子在床上躺到 6 点多，就起身去梳洗，上午去了单位，中午赶回来带儿子去了医院。结果发现，儿子又是病毒性感冒加嗓子发炎，而且嗓子都有脓了，无奈之下再次打上了点滴。

笨妈育儿经

我可怜的宝贝，一个月之内竟遭两次病毒的"骚扰"。这病毒性的发烧，比一般性的发烧严重多了。大家都知道孩子发烧后，最好采用物理降温，少吃退烧药比较好。但病毒性的高烧，用物理降温，吃退烧药一般也难除。所以只好给孩子打点滴了。

22

儿子发脾气："妈妈，我不喜欢你了，因为你不爱我了。"

带孩子，考验的就是耐心。

3岁的坏坏开始变得淘气了，有一段时间我几乎天天都会发脾气，工作上的压力和生活中的琐碎事，让我的情绪特烦躁，整个人都快崩溃了。坏坏也难带得要命，动不动就哭，还经常提一些莫名其妙的要求，有时没满足他，他就开始闹，结果可想而知。

有时，我对坏坏发脾气，坏坏爸也看不过，总是批评我没耐心，可耐心究竟要怎么练成？我不止一次问自己，也在很努力地去改变。但一看到坏坏哭，我的头就像要爆炸了一样，不由得要吼他几句。说实话，我对坏坏发脾气很频繁。小人儿有时也很奇怪，嘴甜的时候能把我哄到天上，犟劲上来了，简直能把我逼进精神病院。最无厘头的是，坏坏经常是闹完后，把我气得快爆炸时，又搂住我的脖子说："妈妈，你别生气了，好吗？"

有一天晚上，小人儿搂着我睡觉时，突然说："妈妈，我不喜欢你了，因为你不爱我了。"我惊讶地问："为什么呢？"坏坏很委屈地说："你别问了，我就是不喜欢你了，你已经不爱我了！"

听到这话，我心里酸酸的，我万万没想到，频繁地对坏坏发脾气，给小人儿造成了严重的心理阴影。我小心翼翼地解释道："宝贝，对不起！妈妈真的很爱你。"说着，我亲了他一下，听完我的话，坏坏有意将我的脖子搂得更紧了，小脸也贴在了我的胸前，一副很幸福、满足的样子。

 笨妈育儿经

以前，一个朋友在我面前叹气说："做人不容易，做女人更不容易。"现在我要改一下："做妈妈不容易，做个好妈妈更不容易！"坏坏爸平时很少训坏坏，还经常教育我要对孩子有耐心。我也承认脾气不好，但我发现要做到对孩子不吼不叫真的不容易。

▲ 孩子有时真的是我"幸福的负担"，累了倦了只要看到他的笑容，所有的烦心事顷刻间都能烟消云散。

23

小坏坏的 N 种小聪明

有一段日子，坏坏爸因工作有变动，周一至周四要在单位驻扎，下班也不能来接我了，我只好每天自己开车回家，没了坏坏爸陪伴的路上难免有种寂寞感。还好每次刚进家门，那个想我的小屁孩总会屁颠屁颠地跑过来迎接，说一声："妈妈你回来了，我都想你了。"嘿嘿！还颇有点居家好男人的风范。

3 岁的小坏坏，小聪明太多了：

小聪明一：妈妈，你这会儿累不累

坏坏不想走路的时候，总会探着头，很体贴地问我一句："妈妈，你这会儿累不累？"紧接着，如果我回答"不累"，小人儿立马会让我抱他；如果我回答"累"，他会改变口气说："妈妈，我也累了，我们都休息一会儿吧。我现在长成大哥哥了，不用你抱。"可他说完没一会，就会接着又来一句："妈妈，你休息好了没？还累不？能抱一下我吗？"我晕！

小聪明二：细菌来找我做朋友，我不理它就完事了嘛

每次带坏坏从外面回来，我都会喊他先洗手，他也很听话。一天，他来了一句："我不洗手了，今天我出去没捡脏东西。"我解释说："在外面玩，不管捡没捡脏东西，回来都要先洗手，不然细菌就来找你做朋友了。"这时，小人儿转过身，很认真地对我说："你不是说在地上捡脏东西，细菌就会来吗？我今天没捡脏东西，它

怎么还来呀？那这样，细菌来找我做朋友，我不理它就完事了嘛。"我无语。

小聪明三：妈妈，你吃个糖吧

一次吃过饭，坏坏拿了个大糖盒跑过来对我说："妈妈，你吃个糖吧。"其实，我知道是小人儿打不开糖盒故意这么说的，我将计就计回答："谢谢宝贝，妈妈不吃。"

坏坏又施一计："妈妈，你吃一个吧，这盒子里面装的糖可甜了。"我故意说："刚吃完饭，妈妈不想吃，快放回去吧。"

坏坏见我不上套，又来一句更直接的："妈妈你不信的话，把这盒子打开，我给你尝尝到底甜不？"嘿嘿！终于说到重点了。

小聪明四：你就是总爱生气，我都不想和你玩了

每当坏坏淘气，我会很生气地问他："你到底听不听话？"小人儿看我生气了，总会放低声音回答："那你别生气。"我说："你乖乖的妈妈怎么会生气呢？"他理直气壮地说："你就是总爱生气，我都不想和你玩了。"我说："你总惹我生气，我也不想和你玩了。"

绕着绕着，他把我绕进去了，可能是抓住了我脑子不灵活的特点。

最后，他干脆说："妈妈，那你以后也要听我的话，今天我就不生气了，还和你玩，好不？"结果成我不对了。

笨妈育儿经

有一天，我对妹妹诉苦说活着真累。她直接来了一句："再烦你还有坏坏，再累也值得，他是你幸福的小负担。"想想也是，每一天能看到儿子健康快乐地成长，任何烦恼都会瞬间化为浮云。

24
3岁小子给妈妈的承诺

每天晚上，我哄坏坏睡觉，他都要黏着我讲故事。

有几天，坏坏又迷恋上了《狼来了》。在坏坏的世界里，狼是一种很恐怖的动物，每次听到狼出现，他就使劲往我怀里缩，还一遍一遍地提醒我要搂着他。我跟他说："你是小男子汉呢，勇敢点不害怕。"这时，小人儿便搂紧我，给自己壮壮胆说："嗯，有妈妈保护，我一点也不害怕。"说到保护，我和儿子又来了一段对话：

我："儿子，妈妈现在是你的保护伞，等老了就保护不了你了。"

坏坏："你老了，那我就长大了（小子倒是反应挺快的）。"

我："是啊。"

坏坏："老了是不是就眼花了，走不动了。"

我："嗯。"

坏坏："那你别担心，你出去玩我拉着你就行了。"

我："你拉着我，那我要是走累了呢？"

坏坏："你如果走累了，你跟我说，我抱着你。"

我（听到这句话，我顿时感动得稀里哗啦的）："你说的是真的吗？"

"是真的，我没有骗你，将来你走不动了，我一定抱你。"他可能看我有点不相信，接着说："到时我都长得比你高了，一使劲就把你抱起来了。"

笨妈育儿经

儿子的小嘴真甜啊。先不去计较儿子的承诺在若干年后能否实现，就拿他当时说话的那股认真劲来说，当妈的也知足了。一个3岁的孩子，也许根本就不知道承诺意味着什么，甚至说过的话一会儿就忘了，但我深信他将来会是一个很有爱心的孩子。

第五章

3~6 岁：
让儿子玩着长大

● 学轮滑　　● 兴趣班　　● 拼养

● 自助游　　● 穷养儿子

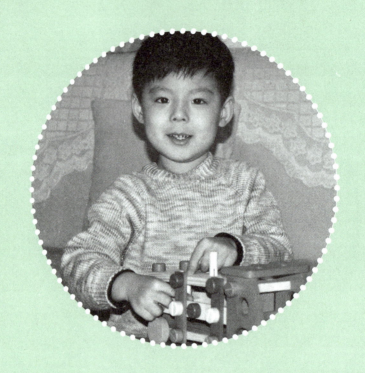

1
第一节轮滑课

2011年6月，我带坏坏去上了第一节轮滑课。

我站在不远处看着，没过十分钟，坏坏"哇"的一声大哭起来。我正纳闷时，教练拉着坏坏滑了过来，示意让我去安抚一下。坏坏被教练扶着滑到我跟前后，立马搂住我的脖子，哭得更加伤心了，说："妈妈，你别走，你别离开，你教我学！"

听到这儿，我终于明白了他哭的原因。坏坏以为学轮滑和上幼儿园时是一样的，被老师领走后，妈妈就会偷偷地离开。看到他如此伤心，我只好蹲下来耐心开导他。

安抚完后，坏坏终于答应继续让教练教了，前提是我必须尾随其后、寸步不离。就这样，小人儿一步三回头，边看我边学，真是一个超级恋妈的孩子啊。

中途休息时，我对他说："宝贝，你好好学，等这节课结束后，妈妈带你去买红薯片（其实他并不爱吃，只是给他一个心灵上的安慰）。"如此一说，果然起点作用，他勉强笑了一下，不再看我了。有了这个念想后，他便开始惦记了。每次中途休息都要问："妈妈，学完了没？一会儿卖红薯片的关门不？"

第一次轮滑课结束了，我给坏坏换鞋时，他高兴地说："妈妈，我刚才都能自己滑了，你看到了没？我棒不棒？"说完，他拉着我去买红薯片。

路上，我问他喜欢轮滑不？小人儿依旧答复："喜欢。"看来，他真的喜欢轮滑，只是克服不了恐惧心理罢了。

轮滑课是坏坏上的第一个兴趣班，不过没上几次就因为各种原因没再去了。

笨妈育儿经

对于轮滑，小坏坏倒是蛮喜欢的。但正式上课时，教练不让家长留在孩子身边，这一来坏坏不愿意上了，他害怕妈妈悄悄离开。看来，家长也要对孩子信守承诺啊！

▲ 希望如此灿烂的笑容永远伴
随着坏坏左右！

2
该不该给孩子报兴趣班

到底该不该给孩子报兴趣班？这是我一直纠结的问题。

坏坏是个慢热型的孩子，有时见了陌生人会害羞，我总想找机会锻炼锻炼他。暑期里，我本来打算给他报个"小小主持人"训练班，让他的暑期生活多一个活动的机会。但我的建议刚一提出，就被坏坏爸反驳了回去，他说："你就折腾吧，孩子这么小学什么呀？暑期让他去青岛玩吧！"

其实，我想让孩子上兴趣班，目的很单纯，就是锻炼他，让他多和孩子们接触而已。既然坏坏爸不同意，我也就没再坚持，那个兴趣班就没上了。

但是，有些事情并不是我们大人想怎么样就能怎么样的。兴趣班虽然说是自愿的，不报老师也不强求。但我了解了一下，不少爸爸妈妈几乎都给孩子报了1~3个兴趣班，如果我不报，放学后大家都留下来学习，只有坏坏一个人被接走了，这是不是显得太"另类"了？出于各方面考虑，我最终还是选择了一个班里孩子报得最多的兴趣班。

随后，我去表姐家玩，遇到一位家长问表姐："暑期你给孩子都报了什么班？补习课程了没？"表姐回答："没，我们全家暑假去海南玩了。"那位家长听完后很惊讶地说："都什么时候了，还带孩子出去玩。我打听了一下，班里的孩子利用暑期把这学期的课程在外面都补完了，有的一边补课还一边报了两个兴趣班在上呢。"表姐无语了。

最后，表姐说："孩子每天回来做作业，压力太大了。我实在看不下去，才带他出去玩的……有时候，不是我想给孩子压力，是外界在给我压力！"

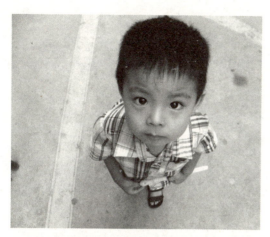

▲ 上不上兴趣班这是个问题，虽然纠结了很长时间，但我最终决定：不给孩子那么大压力，我们玩着长大吧！

▲ 作出决定后，我释然了很多，玩吧，我亲爱的宝贝，童年只有一次，妈妈想把快乐还给你！

 笨妈育儿经

我们都曾有过绚丽多彩的童年，现在虽为人父母，但对童年岁月依旧记忆犹新。那时，我们每天放学后除了玩还是玩，和伙伴们在院子里嬉戏打闹，没有作业的困扰，没有来自各方面的压力，有的只是那无忧无虑欢快的笑声。现在，我也要让儿子拥有一个无忧无虑的童年！

3
童年：兴趣班重要，还是玩重要

曾经有个妈妈对我说："让孩子晚上一年幼儿园，是送给孩子最好的礼物。"

至今，我都坚信她说得没错，太小入园，不但会让孩子在心理上产生抵触情绪，而且孩子太小，自身抵抗力也不足，连健康都得不到保障。

有些家长把孩子送进幼儿园后，就开始四处为孩子寻找兴趣班，孩子的兴趣完全成了家长的"兴趣"。有多少家长在给孩子报兴趣班的时候，认真倾听过孩子的想法，不要说孩子还小，压根不懂事，所以就替他们做主了。其实，家长可别低估了我们的孩子，他们已经有了独立思考问题的能力，我们应把选择的权力还给孩子。

有一次放学后，我拉着坏坏走出校门，门口有个介绍绘画班的展板，我指着展板问坏坏："想不想去学画画？"坏坏抬头看着我，很认真地说："妈妈，我想画的时候在咱家也可以画，我现在不想去外面学，等上中班了，我会考虑。"一句"我会考虑"逗笑了我，这小人精，我最懂他，还不是因为上了一周的幼儿园，不想周末再受约束。对的，作为妈妈，我也全力支持孩子，不想学就先不学，等孩子有兴趣的那一天再学。

童年给我留下了美好的记忆。今天，我也要把这些快乐的记忆留给孩子，不管压力有多大，竞争如何激烈，我始终坚持让儿子的童年以玩为主，因为他还只是一个孩子！

孩子平安快乐地成长，比任何兴趣班都重要！

笨妈育儿经

真是孩子大了，烦恼的事情越来越多。想想也是，有些事情真的不是我们大人能左右的，我们口口声声说不给孩子压力，不给孩子报那些兴趣班。最终，家长们却往往一次次地违背了自己的意愿。我只能说，父母真的不好当。

4
被儿子迷恋的幸福和无奈

"你妈不回来你乖乖的，你妈一回来你就矫情得不行。"每次我刚进家门，坏坏就哼哼唧唧地喊个不停，这时婆婆便会开玩笑地这么说。

▲ 童年不能缺少温馨的亲子时光，就这样慢下脚步，陪你慢慢长大！

有时，我也觉得很奇怪，公公婆婆总说我不在家的时候，坏坏很懂事很好带，和我在家时的表现判若两人。而我也有同感，我独自带他的时候，他也表现得很好，有时甚至还帮我干家务，非常体贴听话。我们都想不通，怎么大家都在的时候，坏坏就变了呢？这小子难道是看我们都这么疼他，故意撒娇吗？

事实上，被儿子迷恋有幸福，也有无奈。

幸福温馨事

有时候，我很享受儿子的温情。比如，我下班后车刚开进小区，小人儿看到后，会立刻大声叫着"妈妈"跑过来。然后，他趴在车窗跟前说："妈妈，你下班了，我在这玩呢。"我回答："嗯！那你先玩，妈妈去把车停好再过来接你。"坏坏高兴地说："好的，妈妈你慢点开哦，拜拜！"我都没想到，坏坏会说这么一句话，小体贴样逗得一旁邻居们都笑了。

过了一会儿，我停好车走过来，坏坏又一次冲到了我怀里，搂着我的脖子，把我的左脸右脸都亲了一遍，然后拉着我的手一起玩去了，这一幕能不让我幸福得像花儿一样吗？

无奈崩溃的事

一天晚上，我回去得有点晚，到家后看到坏坏正在看黑猫警长，我放下包，走过去和他亲昵了一番后，去厨房热饭了。

过了一会儿，动画片演完了，坏坏的老"毛病"又复发了，一个劲儿哼哼唧唧、叽叽歪歪地喊我，就像在假装演一场哭戏一样，干打雷不下雨。

尽管我一个劲儿地说"你乖哦，妈妈吃完饭把碗收拾好了就来陪你"，可一点作用都没有，小犟驴还是一个劲儿地喊"妈妈你过来""妈妈你抱我""妈妈你快点"……

没办法，我狼吞虎咽地吃完了饭，草草地收拾了一下，便过去抱他了。

只要我在坏坏的视线内，我就什么也干不成了。就像那晚，我抱着他玩了一会儿后，说："宝贝，你到洗手间等着，妈妈给你倒水洗脸、洗脚怎么样？"小家伙使劲摇头："不！不！不！我不洗，就要你抱着。"我又说："不讲卫生可不好哦，不然细菌大王就要来了。"

此时，小人儿又回答说："那你抱着我去倒水。"我无奈地摇摇头："抱着你，妈妈怎么拿洗脸盆，怎么倒水？"他说："我不管，就要你抱着。"就这样，我怎么也说不通。

并且，每次和坏坏爸带着坏坏出去玩，他不想走了，就找我抱他，从来不找爸爸抱，就算坏坏爸主动献殷勤，这小子都不愿意让爸爸抱，死活赖着我一个人。唉！

笨妈育儿经

坏坏爸经常羡慕儿子如此依恋我，但被儿子依恋的同时，我也有无奈崩溃的时候，真是无奈啊！

5

拼养孩子，职场妈妈的福音

2011年7月，坏坏正式放暑假了，要等到1个多月后才正式开学。

正当我发愁如何"安置"坏坏的假期生活时，我发现还可以拼养！嘿嘿！这对于平日忙工作的我来说，无疑是一个好消息。拼养孩子的想法让我很激动，主要是因为以下几个原因：

理由一：公公婆婆的年纪大了，带孩子很累

坏坏正是淘气的时候，公公婆婆年纪大了，一周连着带几天也挺累，如果周一至周五上班时间能适当地拼养一两次，也可以减轻他们的负担。周末，别的孩子可以轮换着来我家拼养，由我来带，刚好在时间上也可以岔开，这真是一举两得的好事啊。

理由二：孩子的孤单，大人是代替不了的

以前，坏坏没上幼儿园的时候，每天下班我都看见他在家看电视，我问："宝贝，你怎么整天看电视呢？"孩子回答："那没人陪我玩，我干什么呢？"孩子这么一说，我还能说什么呢？孩子的孤单，很多时候，我们大人是代替不了的。

理由三：和孩子相处，学会合作、分享和谦让

拼养可以让孩子们在一起玩的同时，学会团队合作

▲ 看着孩子们一起玩、一起闹，我仿佛又回到了自己的童年时光。

（如一起搭积木盖房子），学会分享，学会谦让，学会如何和别人相处，这是多么好的事啊。

理由四：给孩子一个童年的记忆

对于坏坏来说，和小朋友们在一起玩，就是一件快乐的事。坏坏还曾和我说："妈妈，让××来咱家吧，我喜欢和他玩，我们不打架。"这是多么好的童年记忆。

暑期，在家里能和玩伴一起玩是童年中的一件快乐的事，既然孩子喜欢，又有这么好的拼养机会，我何不帮他实现呢？快乐健康的拼养，会让孩子体会到不一样的生活。

再谈谈拼养孩子时的注意事项：

事项一：拼养不等于撒手不管

拼养不等于撒手不管，不要以为今天孩子在自己家或别人家拼养着，有的玩、有的吃就行了，剩下的一概都不过问。拼养，不是不管，而是对孩子的玩耍时间进行合理安排。

事项二：充分了解拼养家庭的基本情况

拼养前，要充分了解拼养家庭的基本情况，假如和对方家庭只是一面之交，或是一般的邻居关系，那么连人家姓什么都不知道，就更不知道对方家长的人品怎么样，平时是怎么教育孩子的，等等，没有详细了解就拼养孩子，这能有好结果吗？

事项三：要有计划和准备

对于拼养，你做好思想准备和计划了吗？说到这儿，有些人要问拼养还要有计划吗？当然，计划是必须有的，拼养不仅仅是让两个或多个孩子在一起玩过家家就可以的，一定要明确当天带孩子的家长的责任。一个人带几个孩子，就同老师是一样的，这个临时监护人当天对孩子的生活安排是什么，比如，什么时候吃饭，什么时候休息，什么时候玩耍，什么时候陪孩子学习等，都要有一个计划。没有计划，拼养也就失去了意义。

事项四：拼养时间不要过长和频繁

一般来说，拼养时间不要过长和频繁，以半天或8小时内，一周两次为宜。

▲ 带两个孩子一起读书的幸福时光！

 笨妈育儿经

拼养孩子不是爸妈"偷懒"的机会，而是给孩子创造一个全新的成长空间。一定要在有计划的前提下进行，无目标、无计划，盲目地拼养是没有意义的。拼养孩子，要多从孩子的角度出发，用心去拼养，那么一定会让孩子收获良多。

6
和孩子一起疯玩的悠闲时光

我是一个妈妈，很多时候又像一个孩子。

有那么几天，我带着三个孩子去游玩拍照，宝贝们童真的笑脸感染了身边的每一个人，看着他们在一起玩得如此开心，我蠢蠢欲动，好想加入他们的游戏，和他们一起玩。孩子们天真的笑脸把我也带到了童年时代，和孩子们在一起玩，真有一种疯狂的感觉。

我喜欢孩子，喜欢孩子纯真的笑脸，喜欢孩子没有负担的内心世界。

有一天，我整理照片的时候，翻出了好多自己几年前的照片，我把坏坏爸喊过来让他看，同时感叹了一句："看姐那时多年轻，这才过了几年，怎么就发现自己老了很多呢。"说完，我都忍不住笑了。

坏坏爸看后，嘴角上扬，反问了一句："这是你吗？我怎么感觉我娶了个冒牌货？"话一说完，他赶紧向后，闪了几步，接着又说："这回知道自己老了吧，整天嘻嘻哈哈把自己当孩子，受打击了吧？"听到这些话，我回头对他怒目而视，谁知他又撂下一句："总不让哥说实话，你这人没意思得很。"话一出口，我们都笑了。

晚上，我问儿子："宝贝，你爱妈妈不？""爱！"坏坏回答得很干脆。"那妈妈漂亮不？"我又很虚荣地问儿子。小人儿不假思索地说："漂亮。"我又不依不饶地问："那爸爸说妈妈老了！""那是他瞎说。"儿子说完，抱着我亲了一下，妈妈的虚荣心终于得到了满足。

笨妈育儿经

我喜欢孩子，但不喜欢蜗居在家里带孩子。我喜欢找朋友带孩子一起玩，不为了别的，就是想让孩子们找到玩伴，看着他们在一起快乐地嬉戏，我也可以从中分享到孩子们的快乐。

7

港澳游：妈妈带孩子自助游的注意事项

▲ 带上行囊我们出发了！

2011年5月，我和格格妈（简直称得上两个"无敌辣妈"），带着两个小人儿去香港游玩了8天，不但把孩子们带进了童话王国，也圆了自己儿时的童话梦。

5月8日，下午两点，我们顺利抵达香港南海湾酒店，入住后，安排好两个小人儿到一边玩去，我和格格妈就迅速拿出提前写好的攻略，开始计划旅程。入住南海湾酒店的唯一目的就是：要玩的第一站——海洋公园——离我们比较近。

第二天，按照原计划，我们到了海洋公园。不仅看到趣味十足的露天游乐场、海豚表演，还有千奇百怪的海洋鱼类、海洋摩天塔、越矿飞车、极速之旅，堪称科普、观光、娱乐的完美组合，真是太好玩了。

这次带孩子自助游，还算是比较成功的，最起码安全返回。回来后，我除了在网上传了些旅途中的照片，好多博友还问我要攻略，让我专门发布一篇关"港澳游"的文章。说实话，真的算不上什么经验之谈，不过倒可以说说带孩子旅行的注意事项。

注意事项一：对带孩子旅行的难度缺少考虑

关于这次出行，我和格格妈之前说过很长时间，却一直没时间筹划。直到五一过后，我们突然想起这事，才在两天之内搞定了旅游行程。这次旅行纯属于自由行，没报团，加上两家男人们有事不能随行，所有重担都落在了我们两个妈妈身上，行李有背上背的，有手上拉的，

脖子上还拖挂着重量级相机。更累的是，两个 3 岁的淘气小宝贝困了还得抱，可想而知担子有多重。

注意事项二：忽略了孩子的安全

旅途的劳累我们没有担心过，脑子里只想着一个问题：要把孩子看好。这俩小人爱钻、爱乱跑，我们两个妈妈又是第一次去香港，又没有熟人在那边接应，万一出现紧急情况，比如孩子生病、受伤等，都够我们折腾的。

注意事项三：只图方便，忘了怎么省钱了

出发之前，格格妈跟我说，别想太多了，迷路了、困了、不想走了、找不到地铁了咱就打车，有啥大不了的，无非就是多花几个钱。

嘿嘿！事实证明她说得很有道理。到香港前两天，我们很晕，没摸清巴士路线，再说带着孩子也没时间去研究，只好搭乘 Taxi，每一次都要花掉近百港币。

到了第三天，我们才搞明白了一切，让我们觉得冤枉的是：入住的酒店里就有很多免费巴士开往各个景点，我们前两天竟然都没有享受到。

这一趟回来后，我最大的感慨就是：人的潜力无穷，我们两个老妈太牛了（哈哈！有点自吹自擂了）！格格和坏坏都属于比较淘气的宝宝，两个人在一起有点人来疯的感觉，一会儿一起到处跑着撒欢，一会儿又打架抢同一样东西，我俩背着包拎着相机，还得当街咆哮，追这俩家伙，真有点像两个老妈在香港街头流浪的感觉，不过，这不也应付下来了？

笨妈育儿经

在人生地不熟的香港、澳门，我和格格妈初显身手，只靠着走之前打印的一张攻略，带着俩孩子就逛完了。孩子瞌睡了就抱进麦当劳点点餐，我俩边吃边聊，搂着孩子休息，等他们醒了再继续旅行。虽然累点，但孩子是开心的，迪士尼、海洋公园都给他们的童年留下了一份美好的回忆。

8
儿子不在身边，我最想做的三件事

2011 年 7 月，坏坏跟他爷爷奶奶去青岛了。

我的生活依旧，对小人儿的思念依旧。下班回家，我给坏坏打了一个电话，坏坏接到电话后，很激动地说："妈妈，今天奶奶给我买了解放军衣服、解放军裤子、解放军帽子，我拿给你看。"坏坏是个解放军迷，我很理解他拥有这些东西后的激动心情。

▲ 自从当妈妈后，把所有的私人时间几乎都给了坏坏，这次趁着小家伙不在家，好好保养下这张脸吧。

过了一会儿，他拿着他的解放军帽子，很自豪地对我说："妈妈你快看。"哈哈！我们又不是在视频，我怎么能看到呢？真是可爱的小家伙。

一番显摆过后，坏坏又把他这两天的生活给我统统汇报了一下，正说着，他突然来了一句："妈妈，你什么时候来青岛？我都想你了。"一听到"想"这个字，我这不争气的眼泪瞬间就流出来了，心情很复杂。为了不让自己的情绪影响到坏坏，我便岔开了话题，和他聊了一会儿就挂了电话。

坏坏去了青岛后，坏坏爸有时也在单位值班，剩下我就成自由人了，空闲时间是大把大把的，所以一定要抓紧干几件有"意义"的大事。

第一件事：学做饭

我平时很少下厨，也可以说几乎不下厨吧，原因很简单：厨艺一般般，想做也拿不出手。平常有坏坏爸和坏坏奶奶做，索性我就断了去厨房的念想，干脆不学、不做了。

但在我的内心深处，还是挺想为儿子和坏坏爸烹饪

美食的，能看着父子俩吃我做的东西，也是一种幸福。所以，趁坏坏不在家，我要深入厨房学做饭，其中一个好处是：即使做失败了，也没人知道。

第二件事：去逛街

女人就要"败家"，不"败"家都对不起自己。我不想再在网上购物了，平时在网上买的衣服，尽管千挑万选，但总有那么几件穿不了，最后或压箱底或扔掉。网购一年下来，不但没省钱还浪费了不少钱。

儿子在身边时，我平常上班，一下班后就立马回家带小人儿玩游戏，从来没有奢望过逛街。现在好了，时间完全由自己支配，想逛到几点就逛到几点，过瘾。

第三件事：做护肤

中午，我去接坏坏爸，他说："你转过来，我看看你的脸。"过了一会儿，他叹息道："你瞧瞧，又是疙瘩又是黑眼圈，你不会进入衰老期了吧？"呜呜，那天我还化了淡妆呢，可还是被臭老公打击了，心里很气愤啊。

想想也是，最近老熬夜，白天在单位也吃不上有营养的东西，皮肤能好吗？上次去美容院应该是在半年前了吧，真成了懒婆娘。护肤，护肤，再不护肤就真成黄脸婆了。

事实上，那些天我回家听不到小人儿的欢叫声，开门，开灯，再换鞋，每个动作都变得无精打采，不像往日刚进家门，总能听到坏坏的欢笑声。

孩子不在家的日子，还真是无聊透顶。不想看电视，直接打开电脑就开始在网上漫无目的的闲逛，不上网干什么呢？儿子不在，我好像没了生活的动力。

笨妈育儿经

自从坏坏去青岛后，我几乎每天都给他打一个电话，实在是太想他了。每次挂了电话，我这不争气的眼泪就要滴上几滴，当妈的女人都是如此吗？说真的，坏坏在家的时候，淘气起来我就嫌他烦，这一走，又想得不行，孩子真是妈妈的心头肉啊！

9
孩子对婚姻的三点影响

2007年和坏坏爸相爱一年后，我们携手走进了婚姻的殿堂。

结婚后，我生了坏坏，似乎和坏坏爸的二人世界过得有点短暂。但是，我没后悔要这个孩子，因为小坏坏的匆忙加入，让我们的生活变得更加有滋有味、乐趣无穷！

2008年5月，在经历了漫长的十月怀胎之后，坏坏终于顺利地来到了这个世界。当听到他的第一声啼哭，我兴奋极了，那一刻我惊呼：80后的我也当妈啦！

坏坏的到来，让我真正体会到了什么是幸福，什么是完美婚姻。在医院，坏坏爸无微不至地照顾着我和宝贝儿子，其中的幸福点滴至今想起来都很感动，是孩子把我们之间最平淡的感情，升华成了一种至纯至真的亲情！

我发现，有了孩子后，我的生活有以下变化：

儿子让我们连吵架后的不愉快都在乐趣中化解

我和坏坏爸都有一个共同的缺点，那就是脾气坏，我们的个性都很强，经常为一点小事抬杠。以前没儿子时，和坏坏爸小吵之后，我总会一个人躲在一旁闷闷不乐。现在不一样了，吵架后我不再是一个人躲在一旁生闷气，我会和儿子故意玩得很high，让一旁无人搭理的老公心生嫉妒，不一会儿，他就会急不可耐地想加入到我们中间来。在玩中，不知不觉我们就忘

▲ 有了孩子后，我的婚姻生活充满了乐趣。

137

了吵架时的不快。

儿子让我们每一个周末都过得多姿多彩

以前二人世界时，我和坏坏爸的周末生活几乎都集中在晚上，白天爱宅家泡电脑。偶尔我也会因为坏坏爸不爱逛街而抱怨，时间长了也讨厌起他整日沉迷于游戏中，而忽略了我。

自从有了坏坏，我们的生活变得丰富多彩起来。每逢周末，我们会带着儿子去逛公园，或参加各种亲子活动。和儿子一起玩、一起闹，让我们仿佛又重拾了恋爱时的幸福。晚上等孩子睡了，我们彼此相依在一起，看看一整天拍的照片，用心体味着生活的点点滴滴。

儿子让我们之间永远有说不完的新鲜话题

时间可以冲淡一切，这个我相信，所以再轰轰烈烈的爱情也有平淡的一天，再浪漫的二人世界也会出现枯燥的时候。那么，怎样才能让两个人有说不完的话呢？那就是孩子。

闲来无聊的时候，我们经常会一起聊起孩子的未来、我们老后的生活，调侃孩子娶妻生子后，我们怪异的生活态度，等等，两个有着淘气心理的人，常常会聊到捧腹大笑！

2011年7月，坏坏去青岛，让我想到了有孩子的幸福。虽然坏坏才去了十几天，但对于我来说时间似乎很长很长。晚上睡觉时我会想到他，梦中我会梦见他，早上起床时会听到他喊"妈妈"，甜嘴坏坏每时每刻都让我牵挂。

笨妈育儿经

婚姻需要夫妻用心经营，但没孩子，再用心也会有累的一天。孩子是婚姻的保鲜剂，有了孩子，婚姻才美满！

10

幼儿园（一）：幼儿园开放日带来的育儿启示

坏坏入园后第三个家长开放日前夕，我送完坏坏，意外地被班主任周老师留下来，说这次开放日要求家长走进课堂，体验和孩子们在一起的乐趣。

开放日分为两大部分，室内活动和室外活动。在周老师的心里，我是一个名副其实的喜欢小孩子的妈妈，带孩子户外活动的任务就落在了我头上。室内活动则是由班里多才多艺、擅长表演的多多妈妈负责。为了上好这一堂户外课，我晚上回家查资料、找游戏，甚至还为满足班里爸爸妈妈的参与热情，刻意策划了一些有趣的亲子游戏。

那天下午3点，我到达幼儿园时，天气太热，户外活动根本无法进行。后来，我和周老师、李老师沟通后，对游戏内容做了改动，就准备在室内进行。

很快到了游戏时间，轮到我"统领"大局了，孩子们一听要做游戏，都很兴奋，一个个像小麻雀一样叽叽喳喳叫个不停，还好有李老师在一旁帮我维持秩序，要不然面对这种局面我又该手忙脚乱了。游戏过程就不再详细描述了，总之和孩子们在一起真的很开心。

"家长走进课堂"环节，不但增进了幼儿园与家长的联系，也调动了家长的积极性，更重要的是，可以让家长在参与的过程中，毫无保留地走进孩子的内心世界，全方位地了解到自己的孩子，对老师多了一份理解和配合，从而让孩子能更好地成长。

笨妈育儿经

对于每一位爸爸妈妈来说，不管工作再忙、事情再多，家长开放日都应尽量抽空参加。因为这个机会对爸爸妈妈来说很难得，可以直接看到孩子在幼儿园的动态和表现，同时又能和孩子在幼儿园享受到另一番难得的亲子时光。爱孩子，就要走进孩子的世界。

11
幼儿园（二）：返园前，给儿子减减压

▲ 开学前一周，为了能让坏坏顺利入园，我提前告诉他很快就要上幼儿园了，让他有个心理准备。

暑假的最后几天，如何让坏坏顺利、安心入园，成了我那段时间一直在想的事。

周五晚上，我对坏坏说："宝贝，下周一就要正式开学了，你答应妈妈上幼儿园要听话、不能哭鼻子，如果能做到，我明天就带你出去玩，好不好？"

一听要出去玩，坏坏很高兴地答应了，并向我保证一定乖乖上幼儿园。想着孩子周一就要关进"鸟笼"了，索性暑期的最后一个周末就带他玩得 high 一些。

周末前，正好在 QQ 上碰见了格格妈，我俩一拍即合，简单地安排了一下周末两天的计划。

周五，格格妈定好了 KTV，她又约了几个朋友。周六下午，妈妈们带着小尾巴一起唱歌去了。坏坏第一次去 KTV，有点陌生，起初不敢唱，后来慢慢适应了，很快就和几个哥哥、姐姐玩了起来。3 个小时的欢唱时间，我们大人一首都没唱。

周日也没闲着，依旧在忙碌和疲惫中度过。上午带几个小家伙去山里河道边玩沙，中午去农家乐吃饭，下午去摘葡萄。

我本来还考虑到活动内容是否太多，怕孩子们体力会透支，结果，我太低估这帮小家伙了，连续六七个小时过去后，他们还意犹未尽，回来的车上嘻嘻哈哈也不睡觉，甚至还有劲掐架，而我早已累得昏昏欲睡了。

周一，小人儿美美地过完了暑期的最后一个周末，很顺利地入园了，而且表现得也很给力。

到幼儿园之后，他乖乖走进教室，还主动跟我说再

见，叮嘱我下午一定去接他。看来，过了个暑假，这小子又长大了，也懂事了很多！

其实，从我说起要上幼儿园那天起，小人儿早上起来就会习惯性地问："妈妈，是不是要上幼儿园了？""妈妈，今天上不上幼儿园？""妈妈，还有几天上幼儿园？"还好，坏坏再次返园时，没有表现出抵触情绪，顺利地融入了幼儿园这个大家庭。

▲ 让孩子的童年过得简单、快乐，是我的目标。

 笨妈育儿经

这个假期，坏坏整整休息了两个月，早已对家里自由散漫的生活习惯了。如果不给他一点缓冲的时间，他是无法适应的。为此，我让他在开学前狠狠疯狂了一把，KTV、KFC、玩沙子、摘葡萄、去朋友家等，给他减轻一下压力。

12

幼儿园（三）：返园第二周，遭遇病毒性咽喉炎

▲ 孩子入园后身体会有一个适应过程，作为妈妈最煎熬的是上幼儿园的第一年。

2012 年年初，开学才仅仅两周时间，可怜的小坏坏同学就生病了。

周五，从幼儿园接回坏坏后，我就发现他有点咳嗽，从那一刻开始，我的心就开始紧张起来，因为这小子自从入园后，每次咳嗽都是由病毒引起的，吃药几乎不起作用。

周六、周日，我在家不停地督促他多喝水，到周日晚上他的咳嗽似乎稍有好转，本以为这次就这么扛过去了。但让人没想到的是，晚上 12 点，这小子开始发烧了，我赶紧把他叫醒喝水，量了一下体温 38.3℃，那一晚，我在惶惶不安中度过了。

第二天一大早，我就带他去了儿童医院。8：30 到医院排上队后，我抱着坏坏在大厅等待就诊，真希望诊断结果是轻微感冒，开点药回家吃就行。

我实在不想给坏坏打针了，每次生病都打针，坏坏的抵抗力越来越差了。当医生给坏坏检查完嗓子后，又开了化验单，我似乎预料到了结果，肯定又是和以前一样：病毒性的。

果不其然，等化验单出来后，医生说了一句："必须得打针，急性病毒性咽炎。"还加了个"急"字，我一下也急了，紧接着又问了问医生能不能不打针，吃药行不，结果得到的答案是："不行，病毒性的吃药已经起不了多大作用了，你听听，孩子的嗓子都哑了，打上针后每隔十分钟量量体温，如果持续烧到 38.5℃

就赶紧来找我。"

无奈之下，我只能同意给孩子打上点滴。

▲ 幼儿园是孩子人生的第一个起点，看着孩子顺利地走进属于他的第一个"大家庭"，当妈妈的内心也跟着无比高兴。

 笨妈育儿经

刚开始，我还以为是坏坏的抵抗力差，结果向很多妈妈了解情况后，得到的答案是：宝宝们刚入园都容易生病，而且基本上也都是呼吸道疾病，看来这是通病，上幼儿园的孩子伤不起啊。

13
幼儿园（四）：孩子开始适应
幼儿园的生活了

坏坏入园三四个月后，就从当初的哭鼻子不愿意去，到现在的主动背上书包要上幼儿园了，真的是变化很大。看到他慢慢地爱上了幼儿园的生活，我真是高兴，坏坏终于长大了。

随后，小人儿对幼儿园有了很深的感情，回家经常兴高采烈地给我讲关于幼儿园里的事，甚至还自豪地对我说："妈妈，你看我上幼儿园后，都变成大哥哥了。"

坏坏上幼儿园后，我们家长就自发建立了一个 QQ 群，每天都会抽空在群里聊孩子们的幼儿园生活近况，从方方面面去了解孩子。

同时，大家也把幼儿园当成了孩子的第二个家，都很用心地帮孩子去维护它。

有的妈妈去幼儿园"偷拍"过孩子，拍回来的照片会发布在群相册里，照片上的孩子们个个笑容满面，看来他们在幼儿园的生活真的过得很开心。

每天上课、玩游戏、阅读、在操场上嬉戏、听老师讲故事……对于孩子们来说，在幼儿园有做不完的有趣的事。

六一儿童节那天，坏坏班里的孩子还集体表演了一场"T 台秀"。衣服都是爸爸妈妈用废旧报纸、瓶子、塑料袋做的，环保而时尚，孩子们穿在身上别有一番味道。当看到孩子们三三两两地出现在舞台上时，家长们都很激动地笑了。

笨妈育儿经

回首坏坏宝贝的入园经历，可以用四个字来表达：坚持、收获。小人儿从刚开始入园哭闹，我每天心痛接送，到后来慢慢接纳幼儿园，最后甚至每天早上还催我快点送，别迟到，看着他的成长变化，我的内心比谁都要高兴，宝贝终于开始了他阳光灿烂的幼儿园生活！

14

幼儿园（五）：逢年过节，到底要不要给老师送礼

▲ 给孩子一个简单快乐的童年，别让攀比和虚荣的心里扭曲了他的成长。

逢年过节（包括教师节）到底要不要给老师送礼？

家长们在过节前期，最头痛、最抓狂的问题就是给老师送礼的问题，我也不例外，因为坏坏入园了，我也加入到了家长的行列。经过一段时间的考虑，我最后和老公商量决定：不送！不送并不表示对老师的不重视和不尊敬。

随后，我在群里问了过节给老师送礼的数目，当然有多的也有少的，当姐妹们问到我时，我回答："没送，但我给老师发了一条祝福短信。"其中有个妈妈（我们关系很好，有啥说啥）直接发过来一个"大拇指"，接着回了一句："你牛，真另类！"不送礼，我反而成了另类家长，这个称谓有意思。在此，我就说说我不送礼的几个理由：

理由一：怕一不小心没送对，反而让老师反感

我说这句话时，遭到了很多人的反对。有人说："你给老师送礼，老师高兴还来不及呢，怎么会反感？"还有人说："你只要送，老师都会笑纳的，不会拒收的。"说实话，听到这些话时，我为不送的决定怀疑过、犹豫过，还曾一度动摇过坚决不送的想法。

坏坏班上有三位老师，大致分为班主任、跟班老师和保育员。和老师接触也有一学期之久，我对老师的印象都不错，班主任老师人很随和，对孩子都是一视同仁，

从来没有见过给谁的孩子搞过"特殊"；跟班老师更不用说，很爱孩子，对孩子很用心也很细心；至于保育员，在她的面前我更应该用"尊敬"来称呼，她年龄稍大一些，孩子们私下都亲切地叫她"王奶奶"，她带孩子很用心，连对孩子说话都很温和。我在心里一遍一遍地分析着三位老师，她们人品真的很正，我不应该用一点微薄之"礼"来玷污她们的人格。

理由二：不想自己的孩子在"被关照"中生活

再退一万步说，假如我真的高估了老师们的人格，如果她们的内心其实很想让家长们送礼，只有收到礼后才会对孩子好的话，那我宁愿这种"被关照"的待遇别发生在我的孩子身上，我不愿意他这么小就受到如此虚伪的"恩宠"，还是做个普通学生好一些。

理由三：好好配合老师的工作，比送礼更有意义

笨妈育儿经

对于给老师送礼，大家送或不送都有自己的理由。但有一点，对于这个"礼"还是希望家长们深入考虑一下，别一味跟风，要注意对孩子价值观的影响。

权衡一番后，我最终还是决定不送了，不是我舍不得那几张卡。教师节那天，我编写了三条不同内容的短信（原创，不是转发），分别发给老师们，文字简单，却表达了我对老师深深的祝愿与感谢。让我欣慰的是，老师们都给我回复了短信，看来效果还是不错的。

家长会的时候，老师一再强调：孩子交给幼儿园不等于家长们就要放手，我们要家园共育，这样才能让孩子更好地成长。所以，家长平日里只有认真配合老师的工作，为老师减轻负担，教育好自己的孩子，这才是对老师最大的回报。

15
质疑跟班老师的教育方法

2012年圣诞节，我早早下班，兴冲冲地去幼儿园接坏坏。

到了幼儿园，跟班老师拿来一个玩具（具体名字我叫不上来），指着对我说："这个东西是您家儿子弄坏的，麻烦您照着这个样子重新给幼儿园买一个吧。"我说赔钱，跟班老师说幼儿园是按班配备的，没有多余的，还叫我必须自己去买。

因为年底特别忙，我亲自去一趟不可能，拿着毁坏的玩具，我顺道去了教务室，想问问幼儿园里还有没有多余的，幼儿园的领导客气地说不用赔，孩子弄坏玩具很正常，还安慰我说没关系。

为此，我对跟班老师的教育方法有几点质疑：

质疑一：买来一模一样的，教育的目的就达到了吗？

几块钱的东西，买来一模一样的，教育的目的就达到了吗？这是出于对孩子的批评教育还是对家长的惩罚？孩子损害东西，赔是正常的，能不能换一种方式来处理？

质疑二：孩子心里承受了多大的压力

一件这么简单的事，其目的是让孩子认识错误，从而改正，为什么这个过程就变得这么复杂？整个过程，孩子心里承受了多大的压力，我看在眼里疼在心里。

质疑三：孩子犯错时，最起码要尊重他

孩子损坏公物必须认错赔偿，只是老师和家长沟通时最好不要当着孩子的面。先给孩子最起码的尊重，我相信孩子是能做一个有所担当、知错能改的孩子的。

出了幼儿园，坏坏哽咽着对我说："妈妈对不起，我错了。"我那不争气的眼泪也流了下来。能主动承认错误的孩子，我认为就是好孩子。

▲ 孩子犯错有很多种教育方法，切记不要当着众人的面说教孩子。

 笨妈育儿经

面对孩子，我们首先要尊重孩子，不能因为孩子小，就忽略了他的感受。是孩子就有犯错的权利，对于孩子的错误，应该想办法正确引导，这才是最重要的。

16

及时赞美孩子

当孩子的好心遭遇冷漠时，一定要赞美孩子。

坏坏是个慢热型的孩子，见人不爱说话，偶尔被人逗还会脸红，尽管有点腼腆，但绝对是个热心肠，喜欢帮助别人，更喜欢听到别人的表扬和赞赏。然而有时候，并不是所有热心的帮忙都能得到一句让人欣慰的"谢谢"。

有一次带坏坏在广场玩，有个小孩玩皮球，不小心把球踢到了水坑里。坏坏见状，赶紧跑过去捡了回来，并在草地上把球蹭干净后，递到小朋友手里。那个小孩不但没说"谢谢"，反而不友好地瞪了坏坏一眼，我看见坏坏脸上的笑容瞬间就消失了。

小孩子不懂礼貌也就罢了，那个家长在一边也不知道教孩子说声"谢谢"，这让我更加相信那句话："父母是孩子最好的老师，有什么样的家长，就会有什么样的孩子。"

每次回家，在进楼栋门禁前，坏坏都要前看后看，看身后有没有人进出，如果有，他一定会扶着门，等到别人全都通过才松手。

有一次，我和坏坏进电梯，有个男子提了两袋垃圾从电梯里下来，坏坏见了，主动站在门禁处扶着门，等那男子通过。男子提着的两只垃圾袋滴着脏水，出门禁时不小心把脏水滴到了坏坏鞋上，看见了也没说声"对不起"。坏坏为了等他通过，扶了半天门，也没得到一声"谢谢"。进电梯后，儿子说："妈妈，那叔叔真没礼貌，把我的鞋子都弄脏了。"

我觉得一个孩子做了好事，是很需要大人赞美的。

▲ 坏坏是一个很懂礼貌的孩子，即使在家我帮他倒一杯水，他都会主动说"谢谢妈妈"。同样，当孩子热心帮我做事时，我也会带着微笑说声"谢谢"。

 笨妈育儿经

当自己的劳动和付出得到了别人的认可和表扬时，每个人的心里都会充满了满足和愉悦之情，会认为做好事能给自己带来快乐是值得的。当然，孩子也不例外，而且他在成长，更需要被认可和赞赏，所以孩子做了好事，一定要及时赞美孩子。

149

17
让阅读成为一种习惯

▲ 阅读的目的不是让孩子从中学到多少知识，更重要的是培养他的阅读习惯和阅读兴趣。

2012 年，我们搬了家，离幼儿园越来越近了。

搬家后，朋友们都笑称我是现代版的"孟母三迁"。哈哈，我没那么伟大，其实不光是为了孩子，还有各种原因吧。

因为搬家，我整整收拾了两天，累得腰酸背痛的。当一切安排妥当时，我却因上火而嗓子发炎了，足足咳了一夜，早上吐出来的痰都有血丝，真的是不再年轻了，经不起折腾了。

还好，搬了家后，坏坏的情绪几乎没受到什么影响。第二天，我们起早去了幼儿园，在幼儿园门口，坏坏示意我蹲下，我不解地蹲下后，他伸出双臂紧紧地抱着我，低声在我耳边说："妈妈，这两天你辛苦了。"

瞬间，我的鼻子酸酸的，我总以为 4 岁的他还不太懂事，有时还淘气或蛮横，原来他的内心深处是如此细腻，孩子真的长大了！

搬家后的第一天晚上，到了 8 点钟，我像往常一样喊坏坏去洗脸刷牙，这已成为一种习惯了。

坏坏告诉我："妈妈，以后我的事情我自己做，包括自己洗脸、自己刷牙、自己洗脚，然后再去书架上挑两本自己喜欢的故事，我们一起读好不好？"这么懂事的儿子，我还能说什么呢？当然是微笑点头答应。之后，我坐在沙发上看着小人儿接水、挤牙膏……很有序地做着自己的事。

等小人儿忙完自己的事，接下来就是睡前的亲子阅读了。看着儿子越来越喜欢阅读，我不禁想起这几年对他阅读习惯的培养：

亲子阅读一：7个月大时就给儿子读绘本

坏坏7个月大时，我开始有意无意地拿一些绘本读给他听，尽管有点"对牛弹琴"，但我初为人母，正处于当妈的喜悦中，育儿的热情也在一步步升温，所以每天有使不完的劲头，根本不知道带孩子什么叫累。

亲子阅读二：儿子1岁就习惯了每天听故事

直到坏坏过了1岁，琐碎的事情越来越多时，我才真正体验到养儿不易。1岁后的坏坏，慢慢形成了每天听故事的习惯，临睡前不听故事就开始叽叽歪歪。

亲子阅读三：2岁后，晚上8点到9点为固定阅读时间

2岁后，坏坏大了一点，我干脆把晚上8点到9点的一个小时定为固定的阅读时间，就这么一直坚持了三年多。随着坏坏的一天天长大，阅读早已成为了一种习惯。

随着坏坏一天天长大，亲子阅读已不再是我单方面地讲。每次拿到书后，他总是先自己认真翻阅一遍，尽管还不能完整地用文字阅读，但他看图能力很强。等他看完一遍，也就意味着我开始发挥作用了，这小子会提出N个为什么来，奇奇怪怪的问题包罗万象，有时会问得连我都不知道如何回答，每当尴尬的局面发生时，他便会哈哈大笑说："看你不知道了吧？来，让我再思考研究一下，一会儿告诉你。"

儿子一懂事，我这老妈就不中用了。

笨妈育儿经

从最初的行为习惯绘本，到后来的寓言故事图书，坏坏就这么每天坚持阅读着，大大小小、薄薄厚厚的书籍早已堆满书架，有时连我都很感慨，要不是因为这个小不点，我恐怕这辈子都不会读这么多绘本。

▲ 孩子的室外活动也很重要哦。

18
坏坏的暑期计划

2012年暑假前，我从幼儿园接到了坏坏暑假的通知。

回家的路上，我愉快地通知坏坏，暑假过完就该上中班了，没想到却遭到了他的批评："你说的不对，小班上完就该上大班了，我都长成大哥哥了怎么还上中班呢？一看就是你搞错了，真拿你没办法，怎么总是说错话呢？"

看着他那严肃的表情，我差点笑出声来。小孩子太可爱了，总渴望自己快快长大，等长大了才会明白还是当小孩子最幸福！

下面说说我给坏坏制订的暑期计划：

一、玩耍·游戏

暑期坚决不报任何兴趣班，还是那句话：孩子的童年生活要以玩为主，不要轻易去剥夺他们玩的权力，面对各种兴趣班一定要 hold 住；每天早晚凉爽时，尽量让爷爷奶奶带孩子去户外找小朋友玩或去公园散步，要少让孩子宅在家里看电视。

二、行为·习惯

这个暑假重在培养坏坏健康的生活习惯。比如，上幼儿园一年来，坏坏成功地养成了早睡早起的好习惯，放暑假也不例外。

其实，好习惯的养成要坚持，对于孩子的身体而言，早睡早起也是有好处的。

三、运动·强身

生命在于运动。我经常对孩子说：只有多运动，住在身体里的健康宝宝才能打败各类细菌大王，保卫自己有一个健康的身体。小人儿很吃这一套，一听说健康宝宝也喜欢运动，他就会很开心地去锻炼身体。

暑期待在家里，爷爷、奶奶难免会变着花样给他做好吃的，坏坏又特别爱吃肉，所以多运动帮助消化更是必不可少。

四、读书·故事

近来一直在网上搜集各类阅读绘本，已经囤了一批，继续搜集中……坏坏是一个喜欢阅读的孩子，从出生到现在，各类绘本少说也有好几百本吧，从日常生活类，到行为习惯类，再到创意模仿和自己动手 DIY 类，开心时读一读，生气时拿故事解解闷，一切都是那么顺其自然。暑假里，小朋友也会继续徜徉在他的故事海洋里。

五、周末·亲子

坏坏放假了，但我还得继续上班，所以我们一如既往地每周按时过周末。唯一不同的是，我们会抽出更多的时间陪他到处玩耍，去游乐场、去爬山、去钓鱼、看电影……总之，我下定决心不偷懒，每周带坏坏出去玩和拍照，争取让他度过一个快乐的假期。

这个暑假计划看似简单，实施起来也是有难度的。

有一天，坏坏一大早起床，问我："妈妈，是不是这周上完就放暑假了？"我回答："是的，你很期待吧？"

小人儿还想着如何多玩几天，挤了挤眼睛高兴地又问："那暑假放多少天？"我回答："45 天，这回你可以很 high 地玩一段时间了。"

▲ 每次买新的绘本，我都会把它放在儿子随手可取的地方，供他随时阅读。

可 45 天到底有多长，小家伙似乎并没有搞明白，只是很激动地问我说："45 天是不是就和 100 一样长？"

哈哈，坏坏解释起来还真是很可爱！

▲ 给孩子一个轻松快乐的童年，玩着长大吧。

 笨妈育儿经

孩子越来越大了，不知不觉间我也越来越老了。但有了孩子，我发现自己的成长还是很明显的。看来，有孩子的女人也成熟得快啊！生活，也越来越有韵味了……

19
将穷养儿子的理念进行到底

▲ 养孩子不一定要给他奢侈的物质生活，有爱有陪伴才是孩子最需要的。

坏坏的4岁生日，依旧没有奢华的生日宴会和贵重的生日礼物，只是一顿晚餐、一个蛋糕，和两个要好的玩伴。坏坏戴上生日帽，和大家一起唱生日快乐歌，然后许愿、吹蜡烛，和最亲的人分享蛋糕，这便是坏坏的简单生日party，年年如此。

我和朋友聊天时，朋友讲："你知道不，我同事在孩子过生日的前两周，就开始张罗生日宴会了，又是跑着买限量版的汽车模型，又是联系影楼拍生日照，还包了某超市里的儿童乐园请孩子幼儿园的小朋友去玩……"听到这儿，我愣了，心里只剩下惊叹了。最后，我回了一句："她可真厉害，先不说钱花了多少，人能折腾得起吗？这不'坑'妈嘛！"

一转眼，坏坏同学4岁了。在育儿的这4年里，我也经常去听一些育儿讲座，其中也有不少育儿专家提到："从来富贵多淑女，自古纨绔少伟男"，应当"穷养儿子富养女"。意思是，富养的女儿不贪小利，气质非凡；生活的磨砺让穷养的儿子意志更坚强。男孩以后要走上社会，承担社会责任与家庭责任，所以要穷养以励其志，否则大手大脚，纨绔子弟一个，如何上奉父母，下养妻儿！其实，在现代社会，穷养儿子也并不是要多么节俭，只要适当即可。

我只知道，养孩子就像消费一样，只要理性一些，把爱用到合适之处就够了。为孩子花的钱多，并不代表给他的爱就多。

笨妈育儿经

我所理解的穷养，首先是不管家里是否有钱，都应该教育孩子从小养成节俭的好习惯；其次，在物质上对孩子有所限制，不要让孩子有衣来伸手、饭来张口的优越感。尤其是男孩，一定要让他懂得珍惜和奋斗，从小培养他的自立能力，让他懂得任何东西都只有付出才能得到。

20
和孩子敞开心扉聊天的意外收获

有一天，我接坏坏放学，小人儿兴致勃勃地问："妈妈，我能不能在操场玩一会儿海盗船再回家？"我说："别玩了吧，一会路上又堵车，回去晚了我们的车也会没地方停。"我本来以为坏坏会坚持玩一会儿，但他却温顺地说："哦，那走吧，我不玩了。"这让我很意外。

上车后，坏坏很懂事地对我说："妈妈，你每天都很辛苦，所以我会听你的话，做一个懂事的乖孩子，我以后不惹你生气，放学后就跟你回家。"我经常对他发脾气，他还这样说，我觉得很惭愧，便说："宝贝，妈妈有时对你发脾气，你是不是很不高兴？"坏坏说："嗯，我不喜欢你那样。"接着我说："那我们约定一下，妈妈以后改，尽量不对你发脾气，你以后也要听妈妈的话，并且把你的倔脾气也改改好不好？"坏坏说："嗯，好，我答应听你的话，你经常发脾气不好，那样我会很伤心的。"

在回家的路上，坏坏和我敞开心扉聊着天，母子俩说了很多掏心窝子的话。我甚至还和他说起了工作："妈妈最近工作太忙了，压力很大，所以有时情绪不太好，甚至在你面前因为一点小事就发脾气，那是妈妈不对，妈妈以后不这样了。"

原本以为坏坏听不懂，可我真的低估了他，他听完后，反而安慰我说："妈妈，你工作累了就休息休息，回家我给你捶捶背，再奖励你一个好吃的，你就没压力了。"儿子纯真的话深深感动了我，原来他是如此懂事。

笨妈育儿经

仔细想想，儿子长这么大，我从来没有与他心交心聊这么长时间。我总是缺乏耐心，把他当作一个不懂事的小不点，说不了几句话暴脾气就上来了，这无疑忽视了他的内心感受。今后，我一定要努力做一个好妈妈，和儿子一起成长。

21
陪孩子，最不能缺少的是用心

有一天，我在客厅等电话。

这时，坏坏走过来说："妈妈，陪我玩会儿吧。"我说："不好意思儿子，妈妈在等电话，一会儿陪你好吗？"坏坏说："不好，你的电话不是还没来吗？先陪我一会儿。"我说："好吧。"我就这样勉强答应了。

其实，我是心不在焉地在陪他，一会儿瞅瞅电话，一会儿在想这个电话怎么还不打过来。坏坏让我陪他组装摩托车，他找配件，我来安装。结果，有好几次坏坏指挥我怎么装时，我都给装错了，他有点生气了，批评我说："妈妈，你用点心好不好？"

我不做强势父母，既然儿子提出来了就得立马虚心改正，谁对听谁的，充分尊重孩子。经过一番道歉解释，我得到了他的谅解。坏坏说："我原谅你了，每个人犯错误都应该给他一次改正的机会。"这些话，顿时说得我这个当妈的都有点不好意思了。

笨妈育儿经

我反思自己的行为：言传身教哪里去了？平时我们经常教育孩子做事要专一，要用心，而到了自己这里就变了。看来，带孩子也不能一心二用啊。

▲ 下班后的时间，我会陪儿子做手工，看绘本。这些亲子时光带给我们许多的快乐。

22
童年，让儿子玩着长大

每到节假日学校报兴趣班时，我都很纠结，其他的孩子都上兴趣班，我的孩子不上会不会输在了起跑线上？会不会没有特长和才艺而被老师冷落？以后会不会因为没有别人懂得多而感到自卑？

我记得，第一次带坏坏去上兴趣班的路上，他很认真地问我："妈妈，周末是休息时间，本来就应该休息，你为什么还要带我来上课？"我不知道从何答起。

第二个周末，小人儿开始赖床不起，说什么也不去上课，我还大发雷霆地批评了他。看着坏坏不高兴地走进课堂，我开始反思了。选兴趣班应坚持从孩子的兴趣出发，不能让兴趣班变了味。

晚上，和儿子面对面交心谈话，儿子告诉我："妈妈，其实我喜欢画画，可是我不喜欢英语，你把英语课取消了，画画我继续上，要不然我连画画也不上。"

强扭的瓜不甜。我决定放弃了，我说："儿子，妈妈不强迫你了，妈妈想通了，以后周末还和从前一样，想去哪里玩就去哪里玩，画画你不想上咱就不上了，不用和妈妈谈条件。"儿子高兴地回答："欧耶，妈妈我爱你。画画我上，你放心。"哈哈，口气像在安慰我一样！

后来，坏坏每个周末去画画都很乐意，上完后还拿着自己的"作品"兴奋地展示给我看，这才叫兴趣！童年，让儿子玩着长大！

 笨妈育儿经

兴趣班是为了兴趣而上的。否则，好好的周末，因为和儿子上课闹矛盾，花了钱，费了神，还变成了一个强迫孩子上课的坏妈妈，岂不是不值得。以后，在教育孩子的问题上，我要 hold 住自己，不攀比，不强迫。

第六章

笨妈也聪明，
自创家庭育儿经

● 产后减肥　● 宝宝刷牙　● 省钱秘籍

1
向奶爸学习

有一天，我和坏坏爸一起去接坏坏。

路上，坏坏爸说要值三天班，辛苦我一个人送儿子去幼儿园，我随口说："你放心，没问题。"晚上睡觉时，我把闹钟早早定在 6：50 上，夜里，我醒来好几次。结果还是出了点小状况，定的表居然没有响。等我醒来时，已经 7：10 了，幸好还不算晚。

随后，坏坏去幼儿园的路上哭了整整一路。8：30，坏坏爸打来电话，听说坏坏哭了，便来了一句："不是都不哭了吗？你是不是又训孩子了？"我申辩说："我哪有！我真的没有训孩子！"挂了电话，我又回味起坏坏爸"你是不是又训孩子了"的话。这还不是平时我总是对坏坏发脾气而给坏坏爸留下的印象吗？

此前，坏坏爸看我对坏坏吼，就对我说："你和孩子较什么劲，他还只是个孩子。"过后我一想，也真是这个道理，孩子就是孩子，他的本性是天真无邪的。

坏坏哭时，坏坏爸会故意夸大其词说点新鲜事，分散儿子的注意力；坏坏叫不应时，他会一惊一乍的，问坏坏一些奇奇怪怪的问题，让坏坏产生兴趣；坏坏淘气时，他会提起坏坏平时做的好事，让儿子感觉自己是个好孩子，从而迅速收敛住淘气的行为。

坏坏爸教育坏坏比我有耐心，方法也比我多。最后，我静下心来，把这个"奶爸"的育儿方法总结了一句，那就是：给你（孩子）阳光，让你（孩子）灿烂去！

▲ 坏坏和爸爸玩"真棒"游戏时，抓拍的一张照片，浓浓父子情全融化在这一刻……

笨妈育儿经

我陪坏坏玩，大部分时间是"看管"，监视他别干出什么危险的事，一旦坏坏淘气了我就会发脾气；而坏坏爸陪坏坏玩，是想方设法地玩出花样，玩得尽兴，即使坏坏犯错误了，他也不会用打和骂来解决问题，而是换一种方式来教育他。

2
笨妈囧事一箩筐

听妈妈们说"生个孩子傻三年"，不知是不是真的。

我生完小坏坏后，脑子真有点健忘、反应迟钝，经常干一些不靠谱的"傻事"，让坏坏爸笑话。有一次，被坏坏爸得意地取笑后，我郑重其事地说："以后不许说我是傻妹了，再说我就扁你！"坏坏爸却诡异地笑了："我看整天说你傻，你还乐呵呵的，要不是我说你傻，你能过得这么开心吗？"啊？不是吧？难道是我真的傻了？被人说傻还挺乐和！

不过，自从有了孩子，我也确实干过不少雷人的傻事。

事件一：把洗面奶当牙膏

早上起床，冲进洗手间，朦朦胧胧中拿起牙膏和牙刷，头一低，准备把挤好牙膏的牙刷放进嘴里的一刹那，眼睛一亮，晕！右手拿着"牙膏"，天哪，怎么是洗面奶？

事件二：手里拿着手机找手机

某日，和朋友约好逛街，整装待发时，我突然觉得忘了什么东西，眼珠子一转，原来是手机。我放好东西，到卧室去找。最后，我发现手机就在自己手上，汗！

事件三：给儿子炒了一盘经典的"黑菜"

平时，我很少下厨做饭。有一次心血来潮，给坏坏炒菜。临出锅时，我准备加点生抽，可随手就把老抽倒进锅里了，结果炒了一盘黑乎乎的菜，坏坏爸撇着嘴，笑得那个得意啊！

事件四：开车出去总忘路

有一次，我去以前的学校取资料，急匆匆地开车就出发了，等下立交口时，一下子忘了路线，结果在立交桥上竟然绕了三圈，脑子真是有点短路了。

▲ 自从有了小坏坏，我每次出门、回家、独自驾车都风风火火的，来去匆匆，只为早点回家陪坏坏。

 笨妈育儿经

我自从当妈后，确实变得糊涂了很多，还糗事不断。如今，小坏坏大了，能说会道，爱动爱问，我再笨，也得学点东西了，不然，真管不住这个小人儿了！

▲ 在奶奶温柔的目光里，坏坏
安静地睡着了。

3
家庭育儿：和婆婆分工协作

刚生完坏坏那会儿，小人儿由我和坏坏奶奶一起带。

我和婆婆间曾经为了小坏坏的吃穿发生过不少矛盾，静下心来想一想，我爱儿子，婆婆更爱孙子，各有各的想法，但目的只有一个：都是为了孩子！

自从我上班后，小坏坏白天基本上都是由婆婆带；晚上和周末我带。在一些事情上，我和婆婆做了一个分工：陪孩子玩乐、阅读由我管，因为我的性格比较活泼、开朗；而孩子的衣食住行则由婆婆一手操办。

如此分工有效地避免了婆媳矛盾的发生。并且，在孩子的衣食住行上，婆婆也确实做得比我好。

一、婆婆比我会烹饪

在小坏坏的辅食上，我没办法和婆婆比。

我虽然可以和小坏坏一起玩、陪他一起闹，但小坏坏饿的时候，我却给他烹饪不出色、香、味俱全的美味食物。

这一点婆婆却能做到，她每天变着花样地给小坏坏做各种好吃的。而我这个当妈的自己想吃什么还得让坏坏爸做，就更别提给儿子做了。

二、婆婆比我更细心

饮食卫生上婆婆比我还讲究。比如，平时小坏坏的碗筷婆婆都定时消毒、独立存放，灶具也另有一套；小坏坏的衣服，婆婆也用专用洗衣机来清洗；给小坏坏喂饭时，婆婆也不许我们先用嘴尝咸淡后给孩子喂等等。

总之，婆婆带孩子比我细心得多。

三、婆婆比我有耐心

有时候，我工作忙了一天后，下班回到家真的很累，晚上哄小坏坏睡觉，有时哄一个多小时他都不睡，我忍不住就会发火，但过后又后悔。

婆婆却不一样，对待孙子格外有耐心，宝贝睡觉时，她会讲一些小故事，不停地絮絮叨叨，直到他睡着。

有时候，我和婆婆发生矛盾，都是因为一些小事，比如：婆婆说孩子怕冷应该多穿点，我说男孩火气大，热了应该及时减衣服；婆婆说孩子也爱吃有味的东西，我说孩子应该吃淡，尽量少吃盐。

过后再想想，这些微乎其微的小问题，怎么能影响婆媳关系呢？

在我看来，一个家庭如果有矛盾，80% 是因为婆媳关系。婆媳为何不和，又是由什么引起的呢？可能 90% 都是因为孩子。

所以，在家里要和婆婆多沟通、多换位思考、多一份理解，那么婆媳相处起来就没有那么难了。有了孩子，妈妈更应该给孩子做一个好榜样！

孩子的成长需要一个和谐温馨的家庭环境。

 笨妈育儿经

其实，婆婆带孙子，比我们投入的精力多得多，也更辛苦，所以我们要多一点理解，多一份宽容。相信经过互相理解和磨合，你会发现不一样的婆媳关系。

4
减肥三部曲：产后6个月减掉30斤

小坏坏 3 岁多了，我的身材一直很苗条，这让我特臭美！

自从怀孕后，我是什么有营养就吃什么，什么对胎儿有益吃什么，从来没有克制过自己的饮食和担心过身材会走形。总之，一切以孩子为重。

结果体重一路飙升，直至生产时达到了 144 斤，足足胖了 44 斤之多。当时小坏坏生下来是 6.4 斤，而我那时体重还有 128 斤，比生之前少了 16 斤，但仍然比怀孕前的体重还多出来近 30 斤！

半年后，在坏坏 6 个月时，我又恢复到了以前的身材，没有一点产后肥胖的痕迹。

下面我就总结一下我的减肥三部曲：

首先，产后要适当活动

我是顺产的，生完宝宝的第二天就下床活动了，因为我是一个活泼、爱动的人，所以从医院回到家也常常在卧室和客厅里走动，一天在床上压根就待不住。

每天晚上宝宝睡着后，我会在床上让老公帮我按摩肚子，不累时自己还会再做一些简单的有氧运动。月子里我不但没有因为喝得多、吃得多而发胖，反而还瘦了 12 斤。

其次，坚持母乳喂养

能顺利瘦下来，我一直认为，坚持母乳喂养是我顺利瘦身的利器。小坏坏 4 个月之前一直是纯母乳喂养，那时我就已经基本上恢复到了以前的身材。在给宝贝断奶之前（在坏坏 15 个半月时），我从来没有刻意地去节食，每天吃得那么多，全都被小家伙吸收了，自己的体形也因为一直坚持哺乳得到了有效恢复。

再次，多带孩子玩

我是产后 7 个月时上班的，上班前我和婆婆一起照顾宝宝，因为宝宝从生下来就一直吃母乳，所以每天晚上都是我照顾。

虽然一晚上要起来给他喂好几次奶，但我累并幸福着。上班后每天下班和周末孩子都由我带，利用空闲时间我常会带孩子去逛公园、拍照、遛弯、玩游戏，总之不让自己闲着。

根据我的实践，我认为产后 6 个月内是瘦身的最佳时期。

特别是 80 后、90 后的新妈妈们，要尽量自己带孩子，尽管产后有妈妈（孩子外婆）、婆婆或保姆的照顾，自己也要尽量承担起照顾孩子的责任，不要一推了之。

即使 3 个月假期结束后要重新返回工作岗位，那么下班回家后和周末也依然可以陪孩子玩、陪孩子闹。在陪孩子玩的过程中，你身上的脂肪会在不知不觉间被有效地分解，自然也就瘦身了。

并且，在减肥的同时，还能培养和孩子的感情，真是一举两得！

 笨妈育儿经

其实带孩子是一个体力和脑力相结合的劳动，除了要照顾孩子的吃喝拉撒外，还得想一些稀奇古怪的方法逗孩子开心、陪孩子阅读、做亲子游戏，这些都会让体内的热量消耗很大。所以，带孩子也是一个有效的瘦身方法。

▲ 做游戏可以培养和孩子之间的
感情。

5
腰酸背痛，和儿子玩踩背游戏

小坏坏 28 个月时，那段时间我特别忙，在电脑前坐一天腰酸背痛的，下班后实在没有精力陪小坏坏玩了。于是，我懒懒地趴在卧室的床上，对小人儿说："宝贝，来给妈妈踩踩背吧！"此话一出，立刻引来了小人儿好奇的目光："妈妈，怎么踩，我想玩……"

于是，我扮成顾客，他扮成技师，母子俩玩起顾客和踩背技师的游戏。我说踩哪儿他就踩哪儿，没想到这次大胆的尝试，取得了意想不到的效果。

平时在家中，我和小坏坏必玩 3 款游戏：

母子每天必玩游戏一：藏猫猫

"藏猫猫"是小坏坏最喜欢玩的游戏了。

虽然每天藏来藏去就是那几个地方，但小家伙却玩得不厌其烦，每次都能 high 到尖叫。

藏猫猫也是宝宝最爱玩的游戏，因为这可以满足他的探索欲，驱使他去一个个未知的空间探寻躲藏的妈妈。

母子每天必玩游戏二：过家家，做饭吃

"过家家"这款小游戏，我从来没有引导过小坏坏去玩，完全属于他的自创游戏。自从小坏坏出了第一道"菜品"后，他便爱上了这个由他自创的"过家家"游戏，每天睡前都要和我玩，而且每次都会做出不同的美味给我"吃"！

母子每天必玩游戏三：玩踩背

20多斤重的小不点，踩背的轻重和力度完全恰到好处，他在床上蹦蹦跳跳、踩着玩着，我则悠闲地享受着。

每一次完美地踩完之后，我都会给他很高的评价和赞赏，这让小坏坏有了一种非常满足的成就感。从此，他爱上了这个"踩背"游戏，乐此不疲地每天都要给我免费服务！

有一天，全家人都在沙发上看电视剧，无聊的小坏坏拎着一个包走到我面前，一本正经地说："妈妈，你想吃什么？我去市场买菜给你做。"

我愣住了，不过，我很快反应过来，他这是在玩游戏。于是，我不紧不慢地说："嗯！妈妈想吃炒凉粉。"小人儿听了后，立马回应道："好的，那我这就去买。"说完，他提着小包围着客厅转了一圈，对我说："妈妈，我买回来了，你别着急，等一会儿哦，我马上给你炒。"

然后，小人儿有模有样地做着炒菜的动作，还喃喃自语道："我放点油、放点盐、放点味精，还有葱、姜……"终于，菜出锅了。装盘后，小男人手里捧着那个"空气盘子"端到我的面前说："妈妈快吃，你饿了，还热着呢！"我心里好感动哟！

小人儿这么体贴妈妈，让我内心好激动。

笨妈育儿经

亲子游戏其实从孩子出生就可以开始，亲子游戏不但可以增进和宝宝之间的情感交流，还可以激发宝宝的好奇心，对宝宝的听觉和语言发育也有好处。

▲ 造型独特的心型小煎锅，这算不算是给坏坏做的一份爱心餐呢？

6
育儿懒招（一）：不喂饭，让儿子自己吃

孩子天生都活泼好动，手脚一刻也不闲着。

一个妈妈照顾宝宝，如果想方方面面都照顾到，那是很难的，即使有三头六臂也忙不过来。

自从生了坏坏，我梳妆台上的化妆品就闲置下来了，卫生也比以前差了很多，平时的工作和生活被坏坏搞得手忙脚乱。无奈，我就学起了偷懒，宝宝的事，能不管时则不管。没有想到的是，育儿偷懒并不是一件坏事，在我偷懒时，人放松了，坏坏做事却变得更加独立和自主了。

以前，坏坏还没有出生时，我每次看见别人追着自家孩子喂饭，都是趁他玩时喂上一口，每顿饭都要花一个多小时，等大人自己吃饭时，饭菜都是凉的。这样喂饭，既费时又费神。

自从有了小坏坏，我就买了Baby餐椅，我开始偷懒了，饭菜放好，也不喂了，教坏坏自己吃，能吃多少是吃多少，饱没饱由他决定。我就在旁边和他一起吃，这样可省去了不少花在吃饭上的时间。

其实，孩子自己吃饭，我在一旁还能享受到无限的乐趣，比如吃面条时，他会用手抓，逗得我在一旁捧腹大笑，因为那个动作太像孙悟空了；吃米饭时，他能把米粒糊一脸，那个动作和表情真是超级可爱。看坏坏吃饭，真是一种视觉享受啊！

笨妈育儿经

每个家长都希望自己的孩子长得结实，总担心孩子自己吃饭会少，所以采取哄、骗、追的喂饭方法，让孩子总是处于被动中进食。长此以往，不但会让孩子对食物失去兴趣，产生厌食行为，还会让孩子养成衣来伸手、饭来张口的毛病。所以，在孩子吃饭问题上，还是能不喂时则不喂，把偷懒进行到底吧！

7

育儿懒招（二）：儿子睡觉前取消游戏

晚上 8~9 点是孩子入睡的最佳时间。

为了赶这个点，我一到时间就放下任何事情，专心哄坏坏睡觉，结果，每次都是越哄他越兴奋，有时候反而和我玩起"躲猫猫"，东躲西藏让我找，当我费了九牛二虎之力把他强制押解到床上时，小人儿反而表现出一副无奈或不服的样子，躺在被窝里发脾气，就好像我是一个十足的后妈似的，专逼他干不想干的事情。

偶然有几次，我在哄坏坏睡觉时偷懒，结果却获得了意外的收获。

有一段时间，我迷上了一部电视剧，每到晚上 8 点时，我就无心陪坏坏玩了。坏坏没有我陪，他也不那么兴奋了，一个人静下心来玩玩具。几天下来，坏坏到了睡觉这个点，就主动要求睡觉了。

后来我才明白，在他睡觉前，我陪他玩得太开心，太快乐了，这才导致他的情绪有点兴奋，所以不能及时入睡。

从那次以后，我总结了一下经验，睡觉前我也不催坏坏了，也不在晚上陪他玩一些动作太大的游戏了。快到睡觉时，我就悄悄地安静下来，不跟他讲话，有时索性躲在一边看看电视，真没想到，这竟解决了哄他睡觉难的问题。

 笨妈育儿经

爱闹是孩子的天性，所以，在孩子睡觉时，妈妈要给孩子讲清道理，同时告诉孩子要睡觉的时间到了，把灯光调暗一些。另外，睡前不要陪孩子玩得太兴奋，也不要强行让他们睡觉。

8
五大妙招：让儿子爱上刷牙

2010年9月20日是这一年的国际爱牙日。

当时小坏坏已1岁3个月，牙还没长齐。恰逢"爱牙日"，我不由想到我家小坏坏是不是可以刷牙了？什么时候可以刷牙？又怎样引导小家伙吃过食物就刷牙或漱口呢？

随后，我火急火燎地去了孕婴店，给坏坏买了牙刷，让他开始刷牙了。

刚开始小坏坏刷牙时，他并不愿意刷，我就强行给他刷，时间长了，又觉得不对，怕让小家伙对刷牙产生厌恶感。

我急中生智，想出了一些让他爱上刷牙的招数：

妙招一：用食物诱导（我的确很笨）

当时我真的是傻了，为了让小坏坏配合刷牙，我对他说："你乖乖地刷牙，刷完了，妈妈奖励你好吃的。"起初真的起效果了，可又一想，刷牙是为了什么？刷完了又吃，这显然和没刷一样。招术高明，却不能用啊！那就是一个笨招！

妙招二：作对比（慢慢变聪明了）

我用小坏坏崇拜的小人物和他作比较，给他树立榜样。小坏坏比较喜欢布奇、巧虎、米老鼠等，我就告诉他，说这些小朋友都很听话，也很爱护牙齿，很勇敢，每次都主动刷牙。小坏坏一听，也说自己很棒、很勇敢，说着就乖乖刷牙了。

妙招三：买可爱的牙膏、牙刷（初见成效）

事实上，每个孩子都有好奇心，对牙膏和牙刷也不例外。

为了引导小坏坏刷牙，我给小坏坏买了造型可爱的牙刷，一次次引诱他，激起了他的刷牙欲望。

妙招四：讲关于牙齿的故事（开始动脑子了）

在刷牙时，我会讲关于牙齿的故事。比如，我会说："牙齿小精灵是一个很爱干净的宝宝，它每天帮你咀嚼东西，如果你在睡觉的时候不把它刷干净，它的身上就会长很多细菌虫虫，牙齿小精灵会很痒很痒，从此以后它也就不喜欢你了。"

当小坏坏听入神了，我就趁机给他刷得干干净净，而且刷牙期间，他也不会有任何反抗。

妙招五：做游戏互相帮忙刷牙（不错的妙招）

其实孩子有时太小，自己刷往往会刷不干净。妈妈可以和宝宝玩游戏，试着互相帮忙刷牙。让宝宝给妈妈刷，妈妈给宝宝刷，同时也可以进行一些小比赛，比如提前说比赛看谁刷得认真、看谁刷牙时不乱动、看谁刷得最干净……总之，妈妈可以自由发挥。

教小坏坏刷牙的小妙招，都是我经过多次实践总结出来的。

查了很多资料，我才明白宝宝乳牙一旦萌出，家长就应该经常用湿纱布给孩子擦牙面。

当牙齿长到 8 颗以上时，可由家长给孩子刷牙，牙膏尽量用含氟化物含量少的。2 到 3 岁时，家长应逐渐

培养孩子自己刷牙，同时必须经常督促。

我了解了这些后，才发现给坏坏开始刷牙的时间已经有点晚了。

引导孩子学会刷牙，是一件很重要的事情。

▲ 第一次教坏坏刷牙时，我把他带到洗手间，告诉他：宝贝，来认识一下你的新朋友——牙刷、牙膏、小水杯，以后每天都要和它们打招呼哦。

 笨妈育儿经

在小坏坏1岁3个月前，我从没在意过小坏坏刷牙，总认为孩子还小，牙齿都没有长齐，应该不急着刷牙。一天，我给他喂完饭，下意识地让他张开嘴，瞧了瞧他的牙齿，当我看到上面有白斑时，才开始关注他的牙齿健康问题。

9
家庭育儿：不要追求太完美

坏坏快 3 岁时，让他跟熟人打招呼，他总会爱答不理的。

有几次，我带着坏坏在路上碰见朋友，让他问好，结果他扭头就走。当时，我觉得很尴尬、很没面子，还纠结了好一阵。我想，究竟该不该强迫坏坏做他不愿意做的事情呢？

最后，我给出的答案是：不该，孩子不愿意就算了！只要过后给孩子讲一讲，与人打招呼是一种礼貌的行为，尊敬别人会得到快乐，我想时间长了，孩子自然而然地会讲礼貌的。

有时候，真的没有必要要求孩子事事做到完美。

有时候，我看到有的孩子报了特长班，有的孩子又一首一首地背唐诗，心中不由问自己：我的坏坏有什么特长？他都会些什么？我每天除了上班就是陪坏坏疯玩，早教又进行到了哪一步？……所有一系列的问题，在我脑子里一并闪过，我认真思考一番后，给自己打了一个很低的分数。

我除了每天晚上给坏坏讲绘本上的小故事，陪他阅读几本早教书外，几乎没有刻意去给他教过一些知识性的东西。

坏坏会背的一些唐诗、儿歌、童谣几乎都是婆婆在闲暇之余教的。比起那些多才多艺的孩子，我是不是教孩子的真的太少了？

有一天晚上，为了看电视剧，我把洗脚盆搬到了客厅，边泡脚边看电视。此时，坏坏站在我的身旁，大约

5分钟后，他对我说："妈妈，你给我把袖子挽高一点吧。"我好奇地问："挽袖子干吗？"坏坏认真地回答："我要给你洗脚！"

突然，一种莫名的感动涌上我的心头，那种内心的喜悦与幸福感只有做妈妈的才能体会到。也许儿子那么说，仅仅只是想玩水了，或是看到喷水的洗脚盆有些好奇想试一试，总之，我没有去深挖他的动机，随即很礼貌地说："行！谢谢！"

▲ 练练拳，耍一耍双节棍，是不是有一点功夫小子的劲头？哈哈！

笨妈育儿经

自从怀上小坏坏的那一刻起，我就幻想着生下他后，要怎么样怎么样来教育他，脑子里有太多太多理想化的育儿观念。当坏坏一天一天地长大，我才一点点地明白，教育其实不能跟着感觉走。其实，孩子无需多才多艺，也无需才高八斗，只要他拥有一个快乐的童年，懂得感恩、懂得分享，我们的教育就很成功！

10
一纸条约，轻松育儿

和坏坏爸结婚没多久，我就怀孕了。听身边很多姐妹说，有了孩子之后，夫妻之间的感情会越来越淡，交流、独处的时间越来越少，生活空间被孩子所占据，什么共同语言都没有了。听到这儿，我真的吓了一跳，难道孩子成了婚姻的"第三者"，不……我不能让我的生活变成那样。于是，我便下定决心，一定要让孩子成为我们幸福的见证者。

养孩子不只是女人的事，要把孩子的爸爸拉进来参与育儿，这样才会有一个幸福和谐的完美之家。

想到这儿，我便立下了一纸条约，和坏坏爸共同育儿（甲方是我，乙方是坏坏爸）：

一、饮食问题

乙方早上爱睡懒觉，为了满足他的这点小要求，甲方自愿承担准备早餐的任务，让乙方多睡一会儿。但乙方下午下班早，也应自愿承担起做晚饭的职责，以减轻甲方的负担，这样才公平。

二、饭后杂事

饭的问题是解决了，"售后服务"谁搞呢？最后看在乙方做晚饭辛苦的份上，甲方主动包揽饭后刷碗的差事。在此期间内，乙方应陪孩子玩耍，做游戏。

三、日常家务

每天起床后，卧室由甲方负责收拾，并保持干净卫

生。客厅、地板一般都需要拖、擦，这些脏活、累活，乙方应主动发挥男人的大无畏气概，一律承担。嘿嘿，同时也给宝宝做个好榜样，让他知道好男人是怎么炼成的。

四、矛盾处理

生活不可能一帆风顺、完美无缺，过日子难免会磕磕绊绊，出现矛盾。假如双方发生争吵或在孩子的教育问题上有异议时，双方必须心平气和地坐下来商议，不能吵架，原则上乙方要尽量迁就甲方。切忌当着孩子的面，有言语上的碰撞。

五、下班之后

带孩子不只是女人的事，事实上，爸爸的角色在孩子的成长中起决定性作用。所以，下班吃完饭后，懒爸爸不许只顾玩电脑，应多陪陪孩子。一家三口一起享受亲子时光，这才是其乐融融的幸福生活。

六、周末时间

有了孩子，周末不能再宅在家里，要多带孩子去外面走走。可以自驾郊游，也可以去公园玩耍，总之要让孩子的周末过得丰富多彩，甲乙双方都不能偷懒。

七、其他事宜

暂时就想到这么多，若有其他事宜随时想到随时解决。一切为了孩子！

时代在不断地发展，生活节奏在不断地加快，对大部分人来说时间都很宝贵，为了家庭和事业，我们整日都在自己的工作岗位上拼搏着，偶尔有一点空闲时间还得陪陪父母，照顾家庭。既然有了孩子，就得学会抽点时间，用心陪一陪孩子！

其实，夫妻两个共同育儿，是一件很幸福的事。让孩子的爸爸参与育儿，不但会减轻妈妈的负担，而且还会让孩子得到最完美的呵护。更重要的是，通过孩子这个桥梁，还可以加深夫妻之间的感情。

▲ 无论采取什么样的形式，只要一家人能和和睦睦的，就是幸福的！

 笨妈育儿经

在育儿这件事上，妈妈一定要大胆地把宝宝交给爸爸带，不要认为爸爸太粗心，肯定带不好宝宝。要不时间长了，孩子的爸爸真会变成甩手掌柜，累的只有妈妈一个人。并且，实践证明，其实爸爸带孩子更有办法，更有耐心，有时反而比妈妈带得还好。

11
给孩子充分的爱和自由

▲ 给孩子自由，让孩子像绿草般清新成长。

有一段时间，流行起了考"家长执照"，这类考生大部分是 80 后，这让身为 80 后妈妈的我很不理解。

我就纳闷了，想当妈妈还要考"执照"，这是好现象还是坏现象？这体现了 80 后对育儿的重视还是无知呢？没"执照"，难道连做父母的资格都没有？

育儿不需要什么执照，而是家长们的实际行动。

每一个孩子的成长都千差万别，科学育儿也应该根据孩子自身的成长特点而定，而不是用千篇一律学到的东西去教育每一个孩子！

孩子的童年只有一次，父母所能给予孩子最好的礼物，不外乎就是两个方面：爱和自由。有原则的爱，遵守规则的自由！

小坏坏是一个有爱心的孩子，但有时也会打人，令我很生气；有时淘气，令我难堪；有时爱乱说，令我尴尬。但等我冷静下来才真正明白，孩子就是孩子，不能按大人的观点去要求他，我爱小坏坏，更看重的是他有一颗爱心！

对于育儿，我的经验如下：

看法一：可反对妈妈，但不能无理取闹

爱和自由是父母与孩子、孩子与孩子、孩子与他人之间互相尊重的原则，我对小坏坏的要求是：你可以反对妈妈，你可以说出你的道理，但不能无理取闹！

看法二：放手让他自由成长

我不希望小坏坏老实巴交、听话又懂事、循规蹈矩的，我希望坏坏能坚强独立、有个性。

只要坏坏拥有一颗爱心，我就可以放手让他自由成长！

对于如何放手、如何去管等问题，我的想法很简单：坏坏用爱心去做的事，我都会放手的！

我希望小坏坏是一个活泼、不犯怵、胆子大、敢作敢为的小家伙，并希望他一直保持这种自由不羁的性格。爱与自由，算是我管教小人儿的基本方针了，希望他在无限的爱和广阔的自由世界里，越来越独立自主、越来越勇于承担责任！

当然，这只是我自己摸索出来的经验。我是一个80后妈妈，刚开始育儿的时候，我也有点手忙脚乱，但在孩子成长的同时，我才发现，这也是对自己的一个考验。只有不断地学习新知识，我才能在带孩子时越来越轻松自如。

生活中的每一天都充满新鲜感，我希望能把小坏坏教育成一个活泼、健康、快乐、懂事的孩子！

育儿，妈妈还需从爱和自由开始。

笨妈育儿经

我想提醒一下爸爸妈妈们，"爱和自由"不是万能的育儿秘诀，更不是溺爱和随意放养。如果想让自己的宝宝尽快走出自我、学会生活、尊重别人、有爱心，那就一定要好好理解一下"爱和自由"的含义。

12
三套办法：令孩子能说会道

▲ 能说会道的小博士，说话正式
"毕业"了。

自从坏坏过了两岁生日后，语言能力真是突飞猛进，冷不丁冒出的新词汇、新问题，能让全家都竖起拇指，笑破肚皮。

坏坏小小年纪，为什么这么能"说"呢？这也许与我平时和他的交流方式有关。

那么，怎么才能培养出一个能说会道的宝宝呢？

在这里，我总结了三套办法：

第一套办法：和坏坏对话，爱提新问题

坏坏一岁半左右时，路边有些商家搞活动，他特别喜欢那些用氢气球吊起的条幅。

此时，我总是会说："这个带有长尾巴的气球像什么呀？"听到我的提问，坏坏歪着小脑袋说："像像像……妈妈，是个大棒棒糖。"

坏坏那时最多吃过一两次棒棒糖，竟能用如此形象的语言把这些形容出来。接着我问他："你喜欢棒棒糖吗？""为什么喜欢？"正是这一连串看似简单的提问，满足了坏坏的好奇心，也无形中锻炼了他的语言能力。

第二套办法：平时和坏坏交流，声情并茂

平时陪坏坏玩，我喜欢动静大些，玩到极致时，呐喊、欢笑声都很夸张。因此经常被老公称为"疯妈"。

在和坏坏交流互动的过程中，我那些生动多变的语言、语气、语调，都给坏坏留下了深刻的印象。

慢慢地，坏坏开始学着去模仿，并记下一些生动的

词语，久而久之，小坏坏的脑海中积累的词汇越来越多，知识也变得越来越丰富。

第三套办法：对坏坏的提问，有问必答

以前，我经常对坏坏提出的一些稀奇古怪的问题，作出敷衍了事的回答，有时遇见不好回答的，就干脆避而不答，权当没听见。

此时，得不到满意答复的他总会有一些不悦。后来，慢慢地我改掉了自己的"懒毛病"，对坏坏没完没了的提问，总是耐着性子做到有问必答。

就是这个小小的改变，激发了小家伙无限的语言潜能，不懂的、好奇的、关心的……他统统要问个明白。就这样，在解答宝宝问题的过程中，他的思路得到了扩展，词汇量也增加了，语言能力自然越来越好了。

家里有一个伶牙俐齿的小宝宝，那真是惊喜不断、快乐无限啊。

有一次，我给坏坏洗脸时，他那两只小手"吧嗒吧嗒"地把水拍了一地，当时我很生气，就批评了他，等我"训话"完毕后，这个小淘气竟然主动亲了我一下，然后轻声慢语地说："亲爱的妈妈，你别生气好吗？我以后听你的话，做个最乖的宝宝！"当时我惊呆了，这小家伙，比我和坏坏爸都能说会道了！

笨妈育儿经

在和宝宝一起玩时，我会有意识地培养他的语言能力。比如，我会声情并茂地和他谈玩的规则，或讲一些有趣的情节。小家伙不知不觉地就变得伶牙俐齿了。

13
给孩子空间，让孩子更自信

我们楼下有一个妈妈，每次在孩子玩得正尽兴时，她就在一旁大喊大叫，跟孩子说不能玩这个，不能玩那个。每当这时，孩子脸上的笑容都瞬间消失得无影无踪。我经常提醒自己，带孩子要有耐心，要给孩子创造一个自由的空间，让他自信、健康地成长。而我主要是从以下几个方面做的：

不压制坏坏，让他玩耍时尽情地撒欢儿

玩是孩子的天性，孩子需要带着童真的想象力尽情玩耍。平时，小坏坏喜欢怎么玩就怎么玩，哪怕是捏泥巴。我觉得，给小人儿一个放松、自由的空间，更有利于把他的潜力发挥出来，让他体会到真正的快乐。

多和坏坏在一起，时常表扬他

不管工作多忙，我每天都早起半小时，下班回家用心陪坏坏玩，晚上陪坏坏入睡，多说关心他的话。我觉得，一天多抽出时间陪坏坏，一起享受亲子时光的乐趣，可以培养母子感情。另外，在坏坏玩的过程中，我为他的"创作"而感到骄傲时，一定会给予表扬。

让坏坏做一个有爱心的孩子

小坏坏是一个有个性的小家伙，爱玩爱打闹，邻近的人们都喜欢他。小坏坏没坏心眼，淘气多是由无知和好奇造成的，他不管干什么都有一颗爱心。玩玩具，懂得分享，别人的玩具不让玩，他不去争抢；在家里，帮

妈妈做家务，还像管家一样，啥都关心。

每一天都用微笑面对小坏坏

"妈妈，你回来啦！"

我每天下班，脚刚踏进家门，就能听到小坏坏兴奋的声音。平时，我陪这个小男人的时间很有限，而他对我的依恋却一天比一天浓烈。忙完一天的工作，看着可爱的小人儿在我的身边无拘无束地撒娇，真的有种说不出的幸福感！

职场妈妈每天陪孩子的时间真的很少，我下班后通常会放下任何事情，尽情陪宝贝玩。在陪孩子玩时学会用欣赏的眼光看小坏坏，不敷衍了事，不阻止他探索世界的步伐。另外，还要适当地表扬小家伙，这会让他更有自尊和自信。

笨妈育儿经

自从有了孩子，我慢慢体会到当妈妈的不容易。不过，再难我也会坚持为坏坏创造一个良好的环境，让他懂得妈妈的爱，拥有一颗爱心，乐于助人。

14
五大秘籍：育儿省钱妙招

如今，人们茶余饭后谈论最多的是什么？

可能是物价吧。蔬菜涨价，水果涨价，手里拿着一百元钱根本买不到什么，从柴米油盐到生活用品，物价是噌噌地往上涨。就连我这个平时不知柴米油盐贵的笨妈，也开始有压力了，有空就琢磨着养孩子怎么省钱，家庭主妇的本色慢慢显露了出来。

都说养孩子最花钱，我家坏坏花钱也不少，花得我心疼。无奈之下，我想了一些怎样养好坏坏又省钱的办法，下面和有心的父母们一起分享一下我的五大"秘籍"：

省钱秘籍一：坚持哺乳，拒绝奶粉

坚持母乳喂养，是我育儿的第一原则。因为我的坚持，坏坏到1岁3个月才断奶，从而让小坏坏躲过了一个又一个"毒奶粉"事件，这让我非常庆幸。母乳是上天赐给宝宝最营养的天然食物，母乳喂养有益于宝宝的健康，每个月还能省下很多奶粉钱。

省钱秘籍二：宝宝辅食，自己动手

宝宝刚添加辅食时，我都是从超市或孕婴店里买现成的。有一次我尝了宝宝吃剩的辅食，发现一点也不好吃，于是便尝试给坏坏动手做辅食，手艺虽然不怎么样，但坏坏吃得还蛮香的。后来，坏坏爸和婆婆也开始给宝宝做辅食。我算了算，一个月能省下不少银子呢。

省钱秘籍三：日常用品，实用为主

刚怀孕那会儿，我一到孕婴店就想买点什么，买的东西堆满了柜子，乱七八糟的。宝宝生下来后，我才发现很多东西根本用不上。此后，买日常用品时，我就缺什么买什么，坏坏的衣物，我也不提前购买，这样既节约了时间，还省下了不少钱。

▲ 和孩子一起动手做手工，瓜子皮也能大变身。

省钱秘籍四：网上购物，参加团购

网购比专卖店便宜，虽然一次省不了多少，但日积月累下来，省下的钱也相当可观。再者就是团购，妈妈们的 QQ 里一定少不了一些爱团购的朋友，当看到有好的东西时，不妨和其他妈妈一起团购，这样很容易从商家那里拿到批发价。

省钱秘籍五：宝宝玩具，自己动手

有一次，我和一个妈妈聊怎样育儿才省钱的话题，她兴奋地说，她的宝宝大部分玩具都是她 DIY 的，省了不少买玩具的钱，听到这些，我是只有羡慕的份儿了，谁让我是一个笨手笨脚的妈妈呢。这个省钱秘籍，我学得不够！不过，高手妈妈们不妨也试试自己动手给宝宝做玩具吧。

有一次，我跟坏坏爸说，以前去超市，花几百块钱可以提几大袋东西，可现在呢？逛完超市花几百块，手里却没几样东西。现如今，生活的压力越来越大，养育孩子也变得越来越困难。都说养孩子最花钱，那么能省钱，为什么不省点呢？有句名言说的好："赚一块钱不能算赚，省一块钱才是真正赚了一块钱！"

有时，当我带宝宝逛街时，若无意中看上了一双童鞋或服装，我就会给宝宝试好，记下货号，等回家了上网搜一搜，你会发现一定比专卖店便宜。

现在普遍挣钱难，家有宝贝又得花钱，那就必须想一些省钱的方法了。

▲ 和孩子一起动手做手工，瓜子皮摇身一变成梅花。这样的小手工不花钱，还能让母子俩一起玩耍，真是一举两得！

笨妈育儿经

现在物价飞涨，但生活还得继续，孩子不能不养，饭不能不吃。但只要动脑筋，相信你一定能找到适合自己的省钱秘籍！

15
要和孩子平等沟通

俗话说："没有规矩，不成方圆。"教育孩子也一样。举个例子，假如孩子正玩在兴头上，家长突然决定带孩子出去或者叫孩子吃饭，有的会说"快点"或"快过来吃"等话来强迫孩子，而有的家长就会用商量加引导的口气说："宝贝，再给你 5 分钟，把手里的玩具收拾一下，我们去吃饭（或出去玩）好吗？"其实，换种交流方式，一句简单的询问征求，无形中会引导孩子学会宽容和理解。

平时，我看到很多家长抱怨孩子越大越难管，太调皮了，不打管不了。其实，管孩子也是有技巧的，带孩子这么多年，我总结了以下六项原则：

▲ 孩子不听话，不妨用书本中的榜样人物来引导他，坏坏就很吃这一套。

原则一：不强势，不无理打骂坏坏

很多家长很强势，总认为孩子"不打不成器"。其实孩子越大越淘气，思维也越来越复杂，经常提出许多无理要求，作为爸爸妈妈要用智慧和理智去和他（她）交流。在我家里，坏坏和爸爸妈妈处在同等地位，我做得不对，他会指责我，我不讲理也不行哟！

原则二：对待坏坏，我多了一点耐心

自从坏坏两岁后，他的语言和思维能力一天一个样，有时和他说话脑子还得反应快一点。经常，我若言而无信，或有做得不对的，也会被他问得无言以对。小家伙不达目的不罢休呀！于是，我在坏坏面前不轻易说空话，答应他的事就尽量办到。

原则三：放下身份，倾听坏坏的心声

在传统的亲子教育方式中，父母常以权威的身份来教育孩子，孩子不对，父母经常把孩子批评一通。经过反思，我尽量用朋友的身份来和坏坏沟通，以倾听他的心声。这样，自然就知道孩子是怎么想的了，也会避免很多冲突。

原则四：和坏坏交朋友

日常生活中，我和坏坏爸都把坏坏当朋友。在玩耍时，坏坏是主角，我和坏坏爸是配角，至于怎么玩，只要不是无理的要求，坏坏有绝对的发言权。我们和坏坏这种朋友般的关系，使得坏坏在上幼儿园后，回家什么事都和我们讲，从而让我们更了解他，少了很多担心。

原则五：做什么事都不强迫坏坏

坏坏有时很淘气，这时，我们就会静下心来，在行动、语言、思想上好好沟通。可以说，做什么事我都会尽可能征求坏坏的意见，不会强迫他。

原则六：凡事和坏坏多商量

在家里，无论我干什么，坏坏都爱在一旁问个不停："妈妈干吗呢？""妈妈这是什么东西？""妈妈这是哪儿买的？""妈妈让——看看好不好？""妈妈——长大了帮你好不好？"……小人儿觉得好玩，想参与，我也一般都会耐心回答他的问题。若做什么决定，也都会和他多商量。

在日常生活和学习中，很多家长都会为孩子安排好一切，比如，几点起床，几点吃饭，什么时候学习，什么时候玩耍等，从来不和孩子商量，只按照自己的心意来要求孩子。

　　而孩子有自己的想法却无处表达，时间长了，孩子就会把自己的想法都掩藏起来，不和父母沟通。久而久之，代沟就会出现。所以，作为父母，必须要走进孩子的内心世界。

▲ 我耐心地说："宝贝，你看书中的小朋友知错就改，
　妈妈都夸他是好孩子。"坏坏听了不好意思地挠挠头。

 笨妈育儿经

　　带孩子也要讲究方法和技巧。有人用打骂管孩子，有人用宽容和讲道理管孩子，有人用放纵和溺爱管孩子。每个家长都想教育出优秀的孩子，但家长必须不断认识、了解孩子，才能总结出一些切实可行的管教原则。

16
在城里养孩子的花销

有一天，我和群里的妈妈们聊孩子，又聊到了养孩子的花销上。有的妈妈说养个孩子一年最少花费七八万；有的说七八万都不止，一年下来最起码得十几万……听得我都有点震惊了，和别人相比，我又欣慰了，我养坏坏相对还是比较省钱的！

我不主张方方面面都要给孩子最好的，养孩子要做到不攀比，量力而行，这样才能从心底感到轻松快乐。

下面晒一晒坏坏 2010 年一年的账单，主要有七种花销：

花销一：衣——3000 元左右

坏坏是个男宝宝，再买衣服，也买不过给女宝宝买衣服的花费。我大概算了一下，坏坏一年的服装花费约为 3000 元，我不是固定每个月都买，偶尔发现比较潮的才会买。

花销二：食——2800 元左右

1. **吃蛋糕：** 我喜欢带坏坏去吃蛋糕，一年花费大概 800 元。

2. **零食：** 坏坏爱逛超市，零食都是因为逛超市而买的，平均一年去 20 次，每次 200~500 元不等，我吃 2000 元，他也算 2000 元。

3. **外出就餐：** 坏坏还小，到饭店能吃的不算多，这项不算钱。

综上所述，小坏坏一年吃的大约花费 2800 元。

花销三：玩——1500 元左右

1. 去游乐场或玩一些室外的儿童器械，一年大概1000 元。

2. 玩具如今买得少了，家里实在没有地方存放了，再说买了他也不好好玩。2010 年，给坏坏买玩具大概花了 500 元。

所以在这一项上，小坏坏一年的花费大约在1500 元。

花销四：教育费——1500 元左右

坏坏都是我在家给他上早教，没有系统地去过早教班，这也省了不少钱。目前，一年买各类绘本大概1500 元。

花销五：保险费——5000 元

小坏坏的保险每年都是固定的，每年 5000 元。

花销六：医疗费——1000 元

我仔细想了想，坏坏每年的医疗花费好像都不超过1000 元。

花销七：营养费——2000 元左右

坏坏断奶后，不爱喝奶粉。2010 年买的 1000 元奶粉，待他勉强吃完后，我再也没有买过奶粉。紧接着，坏坏喝了一段时间鲜奶也不喝了。

在这一项里，除了奶就是钙了，因为每次体检一般什么也不缺，只是偶尔补一下钙，花费也不多。奶制品和钙总计约为 2000 元。

总体上，坏坏一年的花销，合计约为 16800 元。

▲ 坏坏和妈妈一样，对一些可爱的小东西总是爱不释手。

具体的花费我没有细算过，在吃的方面，坏坏现在3岁多了，家里从没有给他开过小灶，一直随我们一起吃，正餐暂且忽略不计，算到我们的伙食里了，他也吃不了多少。

除了上面写的那些，貌似2010年再没什么钱花在小坏坏身上了，16800元算是如今在城里养个孩子最少的开销吧，想想坏坏算是一个很省银子的孩子喽。

上幼儿园后花费就多了，每年的入托费就接近20000元，这也是必不可少的花费。

 笨妈育儿经

现在，小坏坏上幼儿园了，学费又是一大笔开支，在学习等各方面的支出越来越多，花销也将会一年一年地增多。可见现在城里养个孩子也不容易啊！

17

当妈后的八大奢望

周末早上，睡到自然醒的感觉实在是美妙极了，真希望天天如此。

人们都说母子连心，经过 N 次验证，真是一点也不假。我和儿子早上醒来几乎是同一时间，睁开眼的那一刻，相视一笑。儿子总会甜甜地问我："妈妈，早上好！妈妈今天不用上班啦？"当我回答说："宝贝，早上好！今天是周末，妈妈不用上班陪宝宝好不好？"

当我话一说完，儿子通常会用双手搂着我的脖子，在我脸上狂亲一阵，用一双发光的眼睛望着我，高兴地说："妈妈，我喜欢你！"此时此刻，我感到无比幸福和快乐。

事实上，当妈后，我有八大奢望：

奢望一：睡懒觉

即使是周末，我想一觉睡到自然醒也是完全不可能的，坏坏到点就准时起床，像个小猴子一样，一会儿扑到我身上，一会儿用头贴在我脸上。我没办法睡懒觉，只能无奈投降，乖乖起床。

奢望二：做美容

晚上，我贴补水面膜，没等我躺下，坏坏又跑来捣乱，看到我脸上贴着东西，非要撕下来给自己贴上，我解释了好几遍，说这是大人贴的，小孩子不能贴，可人家非要说："妈妈，我也长大了，也是大人了，你为什么不让我贴？"我晕倒！

奢望三：看韩剧

以前，我超级爱看韩剧，自从有了坏坏后，我就放弃了。坏坏醒了的时候要陪他玩，睡了的时候还想写写博客，记录一下生活。因此，再也没时间享受韩剧中浪漫的爱情故事了。

奢望四：逛街

我好久都没有逛过街了，空闲时间都用来陪坏坏到处玩了。平时，我和坏坏的生活用品也都在网上购买，既省时、省心，又方便，最重要的是没时间逛街啊！

奢望五：和朋友们一起 HAPPY

以前，我最喜欢凑热闹了，和那帮姐妹们在一起吃喝玩乐都是随心所欲。晚上可以玩到很晚才回家，无牵无挂也没人限制。现在呢，一出门，就算坏坏爸不打电话催我回家，我心里也惦记着坏坏，慢慢地，朋友们都有了自己的家，一起单独约会的时间越来越少了。

奢望六：私人空间

再也没有"两耳不闻窗外事，一心只顾自己玩"的那种悠闲日子了。想安静地看会儿书、听听音乐、上会儿网也成了一种奢望。现在，我的私人空间都被宝贝所占据，没办法啊。

奢望七：二人世界

现在，我和坏坏爸的二人世界，成了三人乐园了。儿子睡觉时，一般搂着我的脖子，也不让坏坏爸挨着我。每次等他睡熟后，我和坏坏爸说会儿话，小家伙就会迷迷糊糊地叫，我只能安慰他："妈妈就在身边呢，你快乖乖睡！"这小家伙真警觉，我说悄悄话也不让。

奢望八：过懒散的日子

没有坏坏时，我基本上一个礼拜收拾一次房子，很悠闲。回家想吃就做，不想吃就和坏坏爸去外面吃，懒懒散散的，很惬意。现在这种日子几乎与我绝缘了，每天下班要整理凌乱不堪的床、玩具、垫子，还有一堆脏衣服要洗，懒散女人也变成一个勤快妈妈了。

▲ 一周辛苦过后，最幸福的事就是陪坏坏共度周末时光。

 笨妈育儿经

虽然辛苦，但有孩子的妈妈都是累并快乐着。当我倦了、累了时，我就带儿子出去走走，释放一下疲惫的心情。忙忙碌碌才叫生活。

18
九字真经：笨妈也聪明

孩子都希望有一个童心未泯的可爱妈妈。

有一次，有个客户来我们单位办事，他的老婆和女儿（大概 3 岁）随行。在他和领导谈事期间，小女孩在接待室独自玩了一会儿后，觉得无聊，就对妈妈说："妈妈我们玩拇指游戏吧！"妈妈在看报纸，于是有些烦躁地说："玩什么玩，自己玩去，那是你们小孩子玩的，让我瞎掺和什么。"小女孩委屈得快哭了，我上前对她说："来！阿姨和你玩好吗？阿姨不懂得游戏的规则，你教教我好吗？"小女孩高兴地点点头，我和小女孩玩了有十分钟吧！临走前，她拉着我的手不愿松开，不停地跟我说："阿姨，我下次还来找你玩。"

我当妈妈后，主要在"爱、善良、智慧、童心未泯"这九个字上下工夫，深深体会到了这"九字真经"的含义，成了人见人爱的"疯妈"。

爱：做一个爱玩的"疯妈"

这里所指的"爱"，是说家长要明白孩子需要什么样的爱。我再忙也会抽空多陪陪孩子，不会因每次下班累而敷衍小坏坏，陪玩、陪读、陪游戏，"爱"是用行动来证明的。

善良：让坏坏有一颗善良的心

父母是孩子的第一任老师，一个善良的妈妈肯定能培养出一个优秀的孩子。我带坏坏去公共场合，会告诉他不能大声喧哗；带坏坏坐公交车时，提醒他要把座位让给更需要的人；逢年过节时，会带坏坏去孤儿院献爱心，教他有一颗善良的心。

智慧：笨妈也有智慧

我本是一个笨妈，谈不上有什么智慧，但我觉得一个智慧的女人要懂得如何装扮自己；当妈后要魅力不减，也要懂得与时俱进。

我生下坏坏后，人胖了，皮肤有皱纹了，穿衣难看了，头不梳脸不洗的……让坏坏父子俩笑话，这不严重影响市容吗？为此，我不能让人笑话，花点时间，美美容，看看书，内外兼修，做一个有一点点智慧的笨妈！

童心未泯：只当自己是一个孩子

富有童心的妈妈是最可爱的，也更受孩子欢迎。在家中，我这个笨妈大脑迟钝，总被小坏坏和坏坏爸一天说得晕头转向的。这父子俩，一个叫我"丫头""疯妈""老妖婆"等，一个叫我"妖怪""大佬肥"。特别是小坏坏，我俩一起玩时，他就当我是他的一个玩伴。在他面前，我是一点当妈的架子都没有。

在网上，我看到有人说时尚辣妈应该都是从头到脚都被奢侈品武装，去奢华健身房，用顶级护肤品，等等。但是，难道老百姓就不能做辣妈了吗？事实上，辣妈不是拼富逐贵，那只是一种生活理念、生活方式，只要你愿意，你也能做个辣妈！

笨妈育儿经

现在的孩子们，生活条件越来越好了。面对这群在蜜罐里长大的孩子，培养孩子的个人修养变得尤为重要。怎么样才能让孩子懂得爱，不自私，富有爱心呢？我想一个妈妈用心去爱孩子、爱生活才是最重要的！

19
学会适当批评孩子

孩子越大越难带，这点慢慢地我也体会到了。

有时小坏坏难免调皮捣蛋，我会说一些让他惧怕的狠话。但每次话一出口，我就后悔了。

我不是一个完美的妈妈，在日常生活中，我常对小坏坏说下面这些狠话：

第一句：别动了，再动我打手！

在家里，小坏坏爱瞎捣乱，不管是厨房、卧室，都爱乱翻乱摸，有时还去动动插线板、饮水机、工具柜等危险的东西。有时我就会恶狠狠地甩出这一句话。（说这句话时，我一副很厉害的表情，坏坏爸都说怕怕。）

第二句：别吵了，让我安静一会儿！

我有时想安静一会儿，可小坏坏一个人嘻嘻哈哈玩时，偶尔把东西摔得噼里啪啦的，我忍不住会莫名其妙地吼一句："别吵了，让我安静一会儿！"（有再大的气也不能撒在孩子身上，这点我做的很不好。）

第三句：你快点，再磨蹭我走了！

下班后，匆匆吃完晚饭，我就想带宝贝去楼下多玩一会儿，但淘气的小家伙总是故意磨磨蹭蹭地跟我东躲西藏，想让我亲手抓住他，再下楼去玩。有时我烦了，就会用这句话吓唬他。（小坏坏最爱出去玩了，此话一出必有效果。）

第四句：不吃算了，饿着去！

在饭桌上，小坏坏会玩出许多花样，等到我吃完饭了，人家依然乐在其中，饭桌上和他的衣服上全是食物。这时我会生气地说这句气话。（是不是有点后妈的作风？）

第五句：不听话把你关黑房子去！

我们小区一个妈妈，管教孩子经常爱说"不听话把你关黑房子去"，时间长了，我不知不觉也学会了。有一天，坏坏淘气了，我顺口也说出了这句话。坏坏用惊愕的眼神看着我，乐得我"扑哧"一下笑了。

第六句：走开，我不理你了！

孩子们难免会有小矛盾，比如，抢玩具、撒泼、霸占东西等，我总会让小坏坏谦让别的小朋友，偶尔小子不服气，会在我的身上乱抓或坐地不起，我劝说无效，就说这句狠话。但话说完，见小坏坏伤心和无助的眼神，我心里也很不是滋味。

第七句：再不睡就出去！

我每天最发愁的就是陪小坏坏睡觉，睡前他总是折腾得没完没了，要求是一个又一个。他不睡，我就别想脱身，有时我都快睡着了，他还闹。我忍无可忍，爱撂下这句狠话。小坏坏最怕我这句话了。

第八句：别惹我生气，我发脾气是很可怕的！

有时候，小坏坏实在太过分了，我会爆发的。坏坏爸看情况不妙时，会对小坏坏说："你快别闹了，你妈妈要生气了，老妖婆生气是很可怕的。"此话一出，小坏坏必定安分。最后，小坏坏真让我闹心时，我会提前给他打个预防针，用这句狠话警告他。

第九句：跟你说话你听见没有？过来！

小坏坏越来越大了，我也变得越来越不温柔了。跟小坏坏说几遍话，他还当耳旁风时，我就没有耐心了。此时，我会对坏坏大吼或生气地说这句狠话。其实，我只是想让坏坏变成一个懂礼貌、有规矩的好孩子。

适当说狠话制止小坏坏的调皮捣蛋，是我现在最常用的对策，但有时我也在反省自己，以随时改进。

 笨妈育儿经

从我这几句狠话可以看出，我不是一个完美的妈妈。我的这些狠话，会让小坏坏产生抵触情绪，但同时也会让小坏坏在制约中变得有规矩，懂礼貌。

20
职场笨妈，育儿四大憾事

　　坏坏快 3 岁的时候，朋友提醒我说该和孩子分床睡了，但每天晚上看着这个可爱的小男人，像个跟屁虫一样黏着一日未见的妈妈，又是亲左脸又是亲右脸，先不说孩子，我自己还真是舍不得分床。

　　有时候连老公看到坏坏和我那么亲，心里都有点不平衡，有时他会嫉妒地说："你妈那老脸有什么好亲的？"小家伙得意地说："我就要亲，我还要抱着妈妈睡，你走开。"坏坏的一句话把坏坏爸打到了"伤心太平洋"。

　　作为职场妈妈，本来平日里就错过了很多和孩子在一起的亲子时光，所以我很珍惜和孩子在一起的分分秒秒。尽管如此珍惜，我还是错过了很多很多……

憾事一：错过了坏坏成长中太多的"第一次"

　　2009 年 5 月 25 日，坏坏 1 岁 25 天。那天，我早上上班走时，他还在爷爷怀里撒娇，用他那稚嫩的小手跟我说"再见"。就在我上午正上班时，坏坏奶奶打来电话，说小坏坏会走了，而且走得相当稳健。

　　下班后，我迫不及待地冲进家门，看见小人儿在客厅走来走去，他真的会走了，当时我激动得哭了。这是坏坏人生中第一个大的进步和转折，作为妈妈，我却没能见证他从爬到走的精彩瞬间。

憾事二：老爱以工作状态来管坏坏

　　职场生活的节奏本来就很快，有时候连决策也在一

笨妈育儿经

　　其实，作为一个职场妈妈，我和坏坏在一起的亲子时光很少，所以我很珍惜我们在一起的每一分每一秒。我想让坏坏有个快乐的童年，但一些遗憾的事还是不可避免。

瞬间，做事情讲究的是质量和速度，所以我平日养成了风风火火的工作习惯。而管孩子时，妈妈往往需要有足够的耐心，这也成了我致命的弱点，我经常不由自主地把带孩子当工作对待。

每当看到坏坏调皮不听话、做事磨磨蹭蹭开小差时，我就非常非常地烦躁和焦虑，我事后也反思过，其实我也不愿意这样，但又真的已经成了这种习惯，这是不是一种职业病？

憾事三：不能每一天用相机记录坏坏的精彩瞬间

每天上班，打开 QQ 的那一瞬间，我所加的几个群就开始闪烁个不停，辣妈们总是会在群里分享孩子每一天的精彩生活，发一下宝宝成长瞬间的照片。这些可爱的精灵们，让人看一眼一天都会有个好心情，欣赏完别人的宝宝，我又会想到坏坏，心中不免有几分伤感。作为起早摸黑的职场妈妈，我不能每时每刻陪在孩子身边，宝宝成长中的精彩瞬间就这样一天一天被错过了。

憾事四：很少有时间为坏坏亲手烹饪一日三餐

有一天，我为坏坏做了一碗辅食，热情洋溢地端到他面前，深情地看着他吃，换来的却是宝宝的一句："妈妈我不喜欢吃这个。"此时，我才猛然发现自己竟然不知道宝宝爱吃什么，也从来没问过宝贝喜欢吃什么。想想都很心酸，简简单单的一日三餐中，蕴藏了多少母爱在其中，我却无法让宝贝感受到。

21
人前教子后留下的心痛和反思

坏坏 4 岁后，和小朋友玩时，会主动把玩具让给小朋友们玩。

有一段时间，我发现坏坏有点叛逆，竟然欺负别的小朋友，我耐心教导了他几次，但收效甚微。认真观察了几天，我发现坏坏欺负别的小朋友时，走在他前面带头欺负人的总是他最好的"哥们"（同龄小伙伴），难道这就是"近朱者赤，近墨者黑"的道理？

当我又看到坏坏欺负人时，就一把拉过他，当着大家的面严厉地批评了他，坏坏第一次看到我发如此大的火，吓得目瞪口呆。之后，他用那弱小的拳头敲打我的肩膀，嘴里说"坏妈妈，我不理你了"，见儿子委屈的样子，我伤心不已。

孩子犯错，妈妈在人前教子是对还是错呢？

在中国假如孩子犯了错，我又不去指责，那就是当妈妈的不懂道理了。

有一次，我无意中听到一个被欺负的孩子的妈妈对人小声说："没见过这么惯孩子的，孩子在那儿胡闹，家长看见都不批评自己的孩子。一点规矩都没有，也不怕人笑话。"那会儿虽然说的不是我，但我心里也格外难受和矛盾。

我最忌讳做父母的在人前教子了，这样既影响为人父母的自身形象，又容易伤害孩子的自尊心。在中国，"人前教子，人后教妻"已是源远流长的古训了。其初衷大概是孩子还小，有什么错误和过失，尽管现场问罪，尚可落个"家教严明"的美名。

笨妈育儿经

一个孩子在外做错了事，做父母的看见了也不去批评，常常会被别人指责；但看见了当面管，又会给孩子造成一定的心理阴影！事实上，我明明知道人前教子弊端多多，却不得已当众骂了他。想到这儿，我的脑子里一片混乱，没想到"人前教子"也很难办到呀。

▲ 每逢周末，我都会和儿子慵懒地睡到自然醒，然后一起动手做早餐，这不但培养了孩子的动手能力，还可以和孩子聊聊天，这种慢节奏的生活真好！

22
爱需要表达

2013 年 7 月，小坏坏 5 岁两个月了。

那天洗完澡后，我和儿子在床上聊了很久，他问了很多为什么。比如，人是怎么来的？人的脑子为什么不是红色的？人为什么会老？人为什么会死？等等。最后，他还问了一个我意想不到的问题。

小坏坏十分依恋地对我说："妈妈，我长大了娶你当老婆好不好？"听到这儿，我愣了一下，问他："为什么？"他答："因为我最爱你，想永远陪着你。"

我微笑着给儿子解释："我是爸爸的老婆，等你长大了，应该娶一个和你年龄一般大的姑娘当老婆才对，到那时妈妈就老了。"

随后，他情绪很低落地问我："妈妈，那我长大后你是不是真的老了，最后会死去？"

我平静地回答："嗯，每个人老了都会离开这个世界。"

他转过身去，没过两分钟就哭了。我忙搂着他问："儿子，怎么了？"他转身扎进我的怀里，抽泣着说："我哭了，因为我很伤心。"

我说："为什么？能告诉妈妈吗？"他回答："因为你刚才说的话，我不想让你老，也不想让你死，我爱妈妈，我要永远陪着妈妈。"

瞬间，我的眼泪像断了线的珠子，再也无法控制。

第七章

慢下来，
陪儿子一起长大

●小情人 ●夫妻亲热 ●恋物癖 ●私房钱

1
笨妈反思录

回顾当妈妈的这几年，在带孩子的过程中也发生了不少惊险的事，归根结底都是由于我太过于粗心造成的。看来当年的疯丫头还是没有完全蜕变成一个合格的好妈妈。现总结如下，希望我这个"笨妈"别再重蹈覆辙。

事件一：坏坏半岁，从沙发上滚落下来

坏坏半岁那年，我陪他在沙发上正玩时，湖南电视台的《快乐大本营》开始了，这档节目是我每周六必看的。我一时看得入了神，忘记了身旁的坏坏，后来他翻身时突然从沙发上滚落下来。直到听到他哇哇大哭后，我才意识到自己又粗心大意了，赶紧抱起他查看，还好沙发不高，没什么大事。但我内心也已心疼不已。

事件二：坏坏刚学会走，摔了一大跤

坏坏刚学会走路时，带他去楼下玩，碰见小区里的一个妈妈，于是聊了起来，一时大意没有保护好走路还东倒西歪的宝贝，让他重重地摔了一跤。当时他哭得很厉害，外面天也黑了，我哄了哄顺手抱起他就回家了，回家后我才发现，宝贝的眼旁一大片皮肤擦伤了，粗心妈妈真是要不得。

事件三：独自驾车，带坏坏回家险出事故

坏坏两岁时，我独自带他去外婆家。当路程走到三分之二时，坏坏烦躁地哭闹起来，一个劲地喊："妈妈，妈妈，我不要坐安全座椅了，我要下车玩。"随着他的

儿子，
让我陪你玩着长大

哭闹声越来越大，在安抚无效后，我准备靠边停车，哪知岔路口一辆车突然拐进主道，情急之中，我迅速猛踩刹车，这才避免了一场"飞来横祸"。后来我再也不敢一个人带孩子外出了。

事件四：坏坏从床上重重摔下，摔了个大包

有一天晚上，我像往常一样给坏坏讲完故事，哄他乖乖地睡了。随后我爬起来打开电脑，准备写写日志。大约半小时后，我听到坏坏喊了一声妈妈，紧接着就是"咚"的一声，我跑过去一看，就傻眼了，坏坏光溜溜地摔在地板上了。

肯定是坏坏摸妈妈没在身边，迷迷糊糊地自己就站起来了，一脚踩空后从床上重重地摔了下来，坏坏的头被摔了一个大包，我心疼得哭了。

事件五：带坏坏在楼下玩，险些被车撞

领坏坏在小区玩，迎面过来一辆小车，我使劲喊他车来了，快靠边，可小人儿似乎觉得我越着急越好玩，一个劲的往车跟前跑。司机看着情况不对，立马紧急刹车，我一把拉住坏坏，气得火冒三丈，司机也朝我吼道："把孩子看好，多危险！"

事件六：让坏坏爸拍照，坏坏摔伤了

周末到山里避暑，后来想让坏坏爸给我拍两张照片，于是就让坏坏在身边玩。坏坏爸刚给我拍了一张，宝贝在上台阶时就摔了，当时摔得满嘴是血。给他处理完伤口后，我一个人躲在车里哭了。真是又自责又后悔，有多少次都是因为自己粗心大意造成宝宝受伤的。

笨妈育儿经

我一直怀疑自己是否是一个称职的妈妈，有好几次都因为没有照看好坏坏而导致坏坏玩耍时摔伤。带孩子的过程中处处都有危险，当妈的真是要做到眼观六路、耳听八方才行。

2
儿子教我做个好妈妈

坏坏快5岁时，有一天去幼儿园的路上，我们边走边聊天。

突然，坏坏认真地问我："妈妈，我有一个好主意你想听吗？"我问："什么好主意？"他说："我们约定一下，以后谁都不许生气，我努力做个好儿子，你也要做个好妈妈。"

我接过他的话问："那么我们怎么约定呢？"坏坏站住了，眨了眨眼说："我想到好主意了，我们下午回家后，你把你的名字和我的名字都写在墙上的画板上，谁哪天发脾气了就在后面打'×'，一天没发脾气就是表现好，在后面画'○'，打'×'多的人要给得'○'多的人实现一个愿望。"

随后，我又试探着问他："亲爱的，那我问你个问题，妈妈现在还不算个好妈妈吗？"这小家伙笑笑说："不是呀，你是个好妈妈，但有时发起脾气来就不可爱了，有时我不听话了，你可以好好跟我说，你发脾气我会很伤心，就会认为你不是个好妈妈了。"

我又问："那你认为什么样的妈妈，在你眼里就是一个完美的好妈妈呢？"

坏坏想了想，滔滔不绝地说："好妈妈会很爱很爱自己的孩子，陪他玩、陪他逛公园、看电影，给他买喜欢吃的蛋糕冰淇淋，帮他实现每一个愿望，不发脾气很温柔。"哈哈，后面还有一大堆没详细记住，貌似都是他喜欢的开心事。看来，我抽空还得问问他，什么样的孩子才算是好孩子，这样才公平嘛！

笨妈育儿经

后来，我和小人儿约定，以后要改掉臭脾气，尽量不发脾气。对于帮他实现愿望嘛，要有原则性，而且必须在我的能力范围之内。夏天到了，冰淇淋偶尔吃一次可以，要约定这东西尽量少吃……呵呵！我离儿子眼中的好妈妈的标准还很远，要继续加油哦！

3
当妈后，第一次有了恐慌感

有一个周末，我带坏坏回了一趟老妈家。

自从嫁人后，我有了自己的小家，后来又有了宝宝，工作、家庭、孩子让我回家的次数越来越少。每次看到老妈一见外孙的高兴劲，我心里就酸酸的。和老妈虽然相距不远，开车只需50多分钟，但每个礼拜似乎总有忙不完的事，看老妈的次数越来越少。

平日生活中，老妈总会隔三岔五地打来电话，问问我工作顺不顺心，家里一切可好，小坏坏乖不乖。话语虽简单，但句句饱含了一个普通妈妈对儿女割舍不了的关怀和牵挂。当自己也成为妈妈时，我才真正理解了那句话：生儿方知父母爱，养儿方知父母恩！

从坏坏7个月第一次开口叫"妈妈"，到1岁25天能自己"走"天下，再到坏坏语言上的飞速发展和肢体上的完全独立，真是一天一个变化，让我越来越感觉到他就是一个"小小男子汉"了，总有一天会离开我，就像我现在离开老妈一样。想着想着，我黯然落泪了。

当妈后，我第一次有了这样的恐慌感！

其实，每次和老妈通完电话，我都很明白老妈的心思，她很想我带坏坏多回家转转，但又怕我忙，每次话到嘴边又咽下去。当我主动说抽空回去时，她总是说："把孩子照顾好，工作顺心我就放心了，别东奔西跑地累坏了，时间充裕了再回来转转。"

妈妈对儿女的爱总是那么简单、那么无私。听到这句话，我心里更加心酸和惭愧！

笨妈育儿经

夜深了，我呆坐在电脑旁，翻看着儿子的影集，内心的烦躁和恐慌才有了丝丝的平静。生活是实实在在的，有相聚就有分离，但只要用心感受，爱就永远都在。

4

育儿笨事（一）：我惊——坏坏玩失踪

2011 年 1 月，某个周末，老公想买双鞋，我带坏坏陪他一起去逛商场。在商场里，我一边和坏坏玩捉迷藏，一边跟在老公后面转。他买完了一双鞋后，又在隔壁店里看上了一件上衣，便喊我过去帮他提包。当时，我也没想太多，对坏坏说："宝贝，你等一下哦，妈妈把爸爸的包拿过来后，再和你藏。"说完，便跑过去拿包。这时，坏坏爸说："你等一下，我换上你帮我参谋一下。"

大约一分钟后，我急忙转身向孩子的方向看去，人呢？我脑袋"嗡"的一声，心一下悬了起来，前后不到两分钟的时间，儿子不见了。当时，这两家店的人并不多，几乎就是我们一家三口和五六个营业员，整个店面一眼就可以看个底朝天。

我焦急地找完这两家店，并没有发现坏坏的影子，我猛然间吓出了一身冷汗，大喊："儿子，儿子，儿子？"连喊了三声，没有回答。吓得我不知如何是好，连汗毛都竖了起来。

这时，坏坏从商场的服装架后面蹦了出来，高兴地对我说："妈妈，我在这呢，你都没找见我。"我心急之下，对他怒吼说："妈妈喊你时怎么不吱声？你想吓死妈妈呀！"我说话的口气有点重，坏坏吓得瞪着大眼睛盯着我，似乎并不明白妈妈为何这么紧张！

总之，自从看到坏坏后，我的心一下子放松了，立马把他紧紧地搂在了怀里，半天也不愿意松开，那种瞬间失而复得的感觉，真的是终生难忘。

笨妈育儿经

孩子会独立行走后，家长就要时刻提高警惕。当宝宝有一定的理解能力时，可以给他讲讲有关"走失"话题的故事，出门要讲一些注意事项，让孩子明白安全很重要。比如，在人多的情况下，不可随便离开爸爸妈妈的视线。

5

育儿笨事（二）：我悔——第一次对坏坏下狠手

有一天，我和坏坏爸因为一件小事起了分歧，心情很不好。

那天，坏坏下午没睡觉。晚上8点多钟，我冲了一杯热牛奶，让他喝完睡觉，可小家伙死活不干，在床上又蹦又跳，还跟我玩起了"藏猫猫"。我几次喊他喝牛奶，他就当没听见，还跑来跑去故意躲藏。这时，我真有些生气了，直接对他吼道："不喝算了，下次不给你冲了。走，跟我洗脸刷牙去。"正玩得高兴的小人儿也不理我，继续自个儿玩着。

当时，我的耐心到了极限，只好强拉硬拽地把他拉到洗手间。可小子不服，强行反抗，还用手打我。我一下没了理智，用手狠狠地对着他的屁股打了两巴掌。

紧接着，坏坏委屈地哭了。瞬间，我也后悔了。想想孩子其实也没犯多大的错误，只是稍稍淘气了一点，我就下此狠手，不就因为自己不顺心嘛，让孩子成了"替罪羊"。

坏坏很懂事，似乎看出了我的心情不好。哭了一小会儿就停了，见我坐着发呆，他乖乖下床，穿好鞋去洗手间刷了牙，洗了脸，又轻轻脱了衣服躺下来。随后，他小心翼翼地对我说："妈妈，今天讲一个故事就睡觉吧（平时他睡觉至少要让我讲三个故事）。"

我默默点头答应了。果然，一个故事讲完后，他搂着我的脖子安安静静地睡着了，临睡时，还在我的额头亲了一下。他的懂事和可爱，让我陷入自责中。

笨妈育儿经

经常挨打的孩子容易养成粗暴的性格。孩子模仿能力很强，在家里被父母打，他出去就会打更小的孩子。这种性格一旦形成，孩子长大后就会有暴力倾向。因此，在孩子犯错事时，千万要记着勿动手打孩子。

6

育儿笨事（三）：我惨——和坏坏斗智，屡屡败阵

坏坏快3岁时，我和这个古灵精怪的小家伙聊天，我一不留神说错话或做错事，就会被他"批评"，搞得我这个当妈的有时很没面子！淘气的坏坏，不但伶牙俐齿，还时常给我"纠错"。

事件一：妈妈，红灯、绿灯你能分清吗

正月十五的晚上，我开车带小坏坏出去看烟花。回家的路上遇到红灯我停车时，坏坏说："妈妈你真棒，看见红灯都知道停车了。"（汗，这是夸我吗？）我笑着说："妈妈要遵守交通规则，给你做个好榜样。"

到了第二个十字路口依旧红灯，停车后我一时走神，等灯变绿了还在发呆。小坏坏又大喊："妈妈，绿灯亮了，你怎么还不走呢？"这时我才反应过来，起步后，我对坐在后排的儿子说："对不起，妈妈忘了，谢谢宝贝提醒。"坏坏得意地说："妈妈，你刚才还说自己遵守交通规则呢，连红绿灯都分不清楚，太笨了。"我晕！

事件二：妈妈说话不算话，不是个好妈妈

坏坏每天晚上睡觉前，事特别多。让他洗脚，他提条件："妈妈，那我洗完，你给我讲故事，好吧？"我只好应声；让他刷牙，他又提出条件："妈妈，那你给我讲完故事，让我再骑一会儿大马，好吧？"我也答应。

等睡觉时，小人儿又问我："妈妈先讲故事呢，还是先骑大马？"我回了一句："宝贝，很晚了，妈妈很

累，咱俩睡觉吧！"小人儿歪着脑袋说："妈妈，你刚才都答应了，说话不算话可不是好妈妈。"没办法，我立马一一满足他的要求，当妈妈不能言而无信啊！

事件三：妈妈，你又犯糊涂了

每次给坏坏讲睡前故事时，经常是我讲着讲着，自己就先打哈欠了，可即使再困，我也得坚持住。

讲到最后一页了，我指着绘本封底的图案说："数一数这幅图中画了几双鞋子？"坏坏认真地数起来，数到中间一双很大的鞋子时，他说："这双大鞋子一定是爸爸的。"

我想让他赶紧数完睡觉，于是我就配合他说："那这双可爱的小鞋子一定是我家小坏坏的，快快数一数这些加起来有几双，数完我们就睡觉了。"

话音刚落，小人儿就反驳说："妈妈，这双明明是女孩的鞋子，怎么会是我的呢？"我揉揉眼睛，仔细一看，果然鞋面上有个小蝴蝶结。我服了。

 笨妈育儿经

父母是孩子的一面镜子，在孩子面前要守信用、讲道理。只有以身作则，才能教育出一个同样言而有信的孩子。当然，超过自身能力范围或没有把握办到的事，也不要轻易对孩子许诺，哪怕孩子再哭再闹，只要认为不合理，绝不要轻易答应他。

7

孩子犯错时，沟通比批评更管用

我听坏坏爸说，他接坏坏时老师说小人儿那周上课注意力不太集中，总是和旁边的小朋友说话。

到了晚上，我绕着圈问他，是不是上课说话开小差了？没想到，坏坏很爽快地就承认了。我很高兴，对他说"你真棒"，外加大拇指赞扬。

其实，在上学期老师就跟我谈到过坏坏上课开小差的问题，记得第一次被老师留下时，我的心情有那么一点小郁闷。

我一见坏坏，当即批评他："上课为什么总爱说话？这样做不是好孩子哦。"他不高兴了，变了脸说："我不喜欢你了。"然后扭头走人。

当时，我对他的态度很不满，后来我才意识到我说话的态度不对，不该在不合适的地点批评孩子，在众人面前这会伤了他小小的自尊心。

那一晚，我们娘儿俩洗漱完毕，在床上心交心聊了很久，儿子告诉我："妈妈，我上课不是故意说话捣乱的，我只是忍不住很想和好朋友聊聊天。"嘻嘻！多么可爱的理由啊，这就是孩子最童真的一面。

听完他的解释，我笑着说："嗯，妈妈理解，说话可以，但要等到老师上完课才能说，下次能办到吗？"儿子点头答应。

其实，只有和孩子心交心，才能真正了解孩子的世界。对孩子，我们只需要适时地进行引导。

随着坏坏的慢慢长大，我发现他越来越有小男人的

味道了。有一天晚上，因为一点小事，坏坏和我闹矛盾，但不到 5 分钟，他就走到我面前说："妈妈，对不起，是我错了，我不应该惹你生气。"

我笑着说："没关系，只要你知道错了就行。"

接着，他搂住我的脖子，依偎在我怀里，低声说："妈妈，爸爸告诉我，他不在的时候，我就是家里的小男人，我要保护你、爱你，不能惹你生气的。"

▲ 坏坏爸在带孩子方面比我有耐心，当孩子不听话或犯错时，他都是用讲道理的方式和孩子达成协议。

 笨妈育儿经

以往冲动的教训告诉我，和孩子较劲，最终肯定要以惨败收场。与其给双方都造成不快，还不如给他点空间，让他自己选择。

8

诚实的孩子反遭家长骂

2013 年的暑假生活正式开始了。

周日，天气凉爽，我带小子去广场骑车，无意中遇到尴尬的一幕。

有一个小孩在路边捡到一个小铲子，玩了一会儿后，就被旁边的一个小朋友要了回去。小孩告诉了他妈妈，他妈妈说："那你正好就还给人家得了。"小孩急得哭了："不行，我就要那个铲子，那是我捡的。"

这位妈妈说："谁让你那么傻，告诉人家是你捡的，你不会说是你从家里拿的？"

孩子哭得更厉害了，拉着妈妈的衣角，非要把小铲子要回来，妈妈有些不耐烦地说："有本事你自己要去，你说是你捡的人家要回去很正常，谁让你自己傻呀。"

当时，那位妈妈的话让我震惊了，这位妈妈怎能如此赤裸裸地教自己的孩子撒谎？

坏坏也亲眼目睹了整个过程，这时，坏坏问了一句："妈妈，捡到的东西是不是不告诉别人是自己捡的，这样就不用还了？"

一句话就这么改变了孩子的思维，我赶紧拉着坏坏离开了，边走边解释说："捡到别人的东西一定要物归原主，不是自己的东西一定不要伸手去拿，更不能说谎。"

儿子反问道："那刚才的阿姨怎么对小哥哥说'不能说是捡的'呢？"

我该怎么给孩子解释呢？后来，坏坏不停地追问，我只好说："阿姨那样说不对，她是看哥哥哭得厉害，有点烦，说的是气话，说谎一定是不对的。"

我真替那孩子担心，很可能因为那位妈妈的一句话，会让孩子在下一次捡到东西时，做出和这次不一样的举动。

　　所以，家长在孩子面前一定要注意自己的言行，勿因事小而不为，勿因恶小而为之。不要因为自己不经意间的一句话，给孩子造成不良影响。

▲ 待人要诚实有爱心，我始终把这点作为教育孩子的基本道理。

 笨妈育儿经

　　教育孩子就是这么不经意间的"言传身教"。孩子本是一张白纸，你画什么就会在他以后的人生留下什么，也许偶尔不经意的一笔，就在纸上留下了擦不去的痕迹。

9
让儿子自己动手

"妈妈，我要自己吃饭，我都长大了！"

听到这句话，我真的很欣慰，想着自己终于可以解放了，也能吃顿安生饭。结果让我哭笑不得的是，坏坏吃完后弄得满桌狼藉。回想起来，在培养坏坏自己做事的过程中，还真出现过几件有趣的事：

事件一：自己吃饭，吃完餐桌一片狼藉

小人儿自己吃了十分钟，他的小餐桌便已经惨不忍睹了。他用碗里的大枣把自己抹成了小花猫，稀饭糊了一餐桌，用小刀和菜玩起了过家家，馍馍也被捏成了小皮球。再瞧瞧地上，什么豆腐块、菜叶子、稀饭粒、小碎肉……一片狼藉，这些还不算啥，大不了抹布一擦完事，可那一身衣服可就得全换全洗了！

事件二：自己擦脸，趁机毁了我的化妆品

睡觉前，小坏坏拿过自己的擦脸油，坐在我的梳妆台前，认真地挤了点，往自己的脸上擦，还边擦边照着镜子，比我臭美多了。

此时，正巧我的手机响了，看他在那儿坐着挺乖的，我就去接电话了。可没想到一个电话接完回来，我的 BB 霜也被他毁完了，全被挤了出来，并且还抹得满梳妆台都是，彻底晕倒！

事件三：自己刷牙，牙膏全咽肚

以前小坏坏每次刷牙，我怕他自己刷不干净，就变

着法地把牙刷哄过来帮他刷。可现在不行了，任凭我怎么哄，他就是不给，还一本正经地对我说："我自己刷嘛，你刷你的牙就好了。"

一两分钟过后，看着他还没刷出泡沫，我就强行让他张开了小嘴，我的妈呀，牙膏全咽肚里去了，嘴里是一点牙膏的痕迹都没有了。

事件四：自己尿尿，结果裤子全尿湿

带小坏坏去楼下玩时，我就告诉他："你现在穿的衣服太厚了，想尿尿的时候就叫妈妈，妈妈帮你脱裤子。"玩了一会儿，我看他在自己脱裤子，就问他是不是要尿尿，结果人家直接来了一句："妈妈，我自己会脱裤子，你不用管。"

等尿完之后，坏坏回过头对我说："妈妈，尿裤子了。"晕，小鸡鸡虽然掏出来了，可穿得太厚，裤子没压好，还是全尿裤子上了。这大冬天的，你说受罪不？没办法，我只好抱着他飞奔回去换裤子。

 笨妈育儿经

尽管小坏坏在吃、喝、玩、乐时，总爱给我添麻烦，但看着他一次次的进步，我终于敢大胆放手了。让孩子自己动手做事是我一贯的作风。因为只有这样，才能让孩子变得更加独立。

▲ 让孩子自己动手吃饭是我的一贯作风。看坏坏的吃相还算优雅吧。

10
尴尬（一）：竟被儿子评为懒妈妈

有一段时间，我当起了甩手掌柜。

自此以后，人家父子俩却更亲密了，在一起就形影不离，有说有笑，看得我心生嫉妒。无奈之下，我也落了个清静，正好有时间看肥皂剧了，人也越来越懒散了。

一天下午，我去接小人儿放学。在车上，他冷不丁地问我："妈妈，你怎么那么懒？"我先是惊愕，此话从何说起？我皱起眉头，带着疑问辩解说："妈妈怎么懒了？这你得给我解释解释，好让妈妈也懒个明白。"没想到我话刚说完，这小人儿比我更认真起来，噘着小嘴说："你就是变懒了嘛，我看每天晚上回家都是爸爸在厨房做饭，做好了你只管吃，也没进过厨房呀。"听了之后，我彻底无语："我……我……"因为这确实是事实。

开着车，我心里还是有点不服气。小人儿接着批评我："妈妈，我说得对吗？"我说："那我接你也算是劳动呀，妈妈把你接回去再做饭就有点太晚了（哈哈，纯属哄小孩子）。"小人儿淡淡地说："噢，原来是这样，那我有个主意，明天你和爸爸交换一下，你下班在家做饭，让爸爸来接我，好不好？"这小人儿倒是够机灵，非要把老妈逼上梁山。

等到了家，我急于把这事讲给坏坏爸听，换了拖鞋，没顾上放入鞋架，又被儿子抓住了把柄，他边给我放鞋边说："你就是个懒妈妈，鞋换了也不往鞋架上放。"

还没等我来得及开口说话，他又来了一句："算了，我帮你摆放整齐了。"呜呜，伤不起呀，身后有这么一个挑刺的，以后做事可得小心了！

笨妈育儿经

这段时间，坏坏和爸爸在一起的时间比较多，我感觉到这小子变得听话了，懂事了，也更加知道体贴人了，有时候小嘴还和抹了蜂蜜一样甜。看来，爸爸带出来的孩子情商比较高。

11
尴尬（二）：教育儿子，我反被儿子教育

近期，我似乎到了"育儿疲劳期"，脾气一天天见长，看见坏坏淘气不听话，人就非常烦躁。

有一天下午，我带坏坏出去玩，小人儿躲来躲去不愿穿衣服，我尽量心平气和地说："快点吧，下去晚了小朋友都回家了，到时就没人和你玩了。"可是，小家伙还是故意躲闪不穿衣服，我又说："你不穿衣服就是不想出去喽，那我走了，你自己在家待着吧。"此话一出，小人儿立马反对："我又没说我不下去，就想和你玩一下嘛，小气！"

我实在忍不住了，就开始咆哮："过来，再不穿我走了，你一个人待在家里吧。"说完，我把衣服往沙发上一扔，扭头就走。小人儿看情况不妙，立刻使出了看家本领：哭闹。只见他一边假装哭一边说："妈妈，我立马就穿，我要和你一起出去，你别生气了。"

下楼后，我教育小人儿：做什么事能不能快点，别磨磨叽叽的。这时，他坦然地说："我是在故意淘气呢。"还做了个鬼脸笑了。我说："以后不许那样了，看看你在家又磨叽了十几分钟，每次出门都惹妈妈生气，做事情总磨磨蹭蹭的不好，这样会讨人厌的。"

小人儿不好意思地点点头，随后也"教育"我："妈妈，你老那样生气也不好。你就不能好好跟我说话吗？别总说快点、快点，用这种口气对小孩说话不好，你也要改……妈妈，我刚给你说的话你记住没有，你以后要好好和我说话。"我汗，这到底是谁不对了？

笨妈育儿经

有一次，我跟坏坏爸说："坏坏的坏脾气遗传了谁呢？"他毫不犹豫地回答："那还用说，当然是你。"其实，在问他之前，我就已经知道了答案。坏脾气呀，说改哪有那么容易，连小屁孩都发现了我的这个大缺点。看来，再不改，以后我这个当妈的就没法混了。

12

儿子的奇怪问题：我长大了是不是也要生宝宝

有一天，我和坏坏正在客厅玩，他突然低着头，害羞地问我："妈妈，我问你一件事行不？"我说："什么事？"这时，他指着自己两腿之间，不好意思地问："我是不是从你这里出来的？"

当时，我压根没想到儿子会问这样的问题，就回答说："嗯，是的！"坏坏又问："你是不是像拉臭臭一样把我拉出来了？"听到这句话，我差点笑喷。儿子以为我在笑话他，有点生气地说："你再笑我，我就不理你了。"

坏坏说这句话时，明显很认真，看到他真的生气了，我立马严肃起来，并向他解释说："对不起，妈妈不是笑你，妈妈是觉得你说这句话时，表情太可爱了，不是笑话你的。"

这时候，我必须要向他道歉，因为孩子同样需要"面子"，他在提问的时候，也希望得到对方的尊重，而不是取笑。

过了一会儿，坏坏终于认为我不是在笑他，而是在夸他很可爱，等他放下了戒备之心后，又开始提问了。

"你那里叫什么？我的头那么大怎么出来的？"

"我长大了是不是也要生宝宝？"

"妈妈，那你还会再给我生一个小妹妹吧？"

早知道坏坏会这么问，我应该提前备课，给他上一堂性教育课。

好不容易断断续续给小人儿解释完所有问题，终于

松了口气，甚至庆幸自己又躲过了一"劫"。后来他还一本正经地说："妈妈，我终于明白了，原来生宝宝是这么一回事呀。"其实，我都没搞明白自己到底是怎么解释的。

无独有偶，放学接坏坏的时候，我也曾遇到过类似的事。

在操场上，一个小男孩也这么问妈妈："妈妈，我是从你腿下面出来的吗？"面对众人，妈妈不好意思地说："傻孩子，怎么这么幼稚啊，快玩去。"孩子兴冲冲地问妈妈，却被妈妈的一句话打了回去，他转身失落地又去玩了。

很明显，孩子的情绪受到这句话的影响立刻低落了下来，他和坏坏的理解一样，同样以为妈妈在取笑他。也许当时妈妈回答："宝贝你真可爱，先去玩，妈妈回家再慢慢告诉你。"可能这样更能激发孩子对未知事物的好奇心。

有时候，我们说："这孩子真聪明，比同龄孩子要成熟，想事情不简单。"可仔细想想，这句夸奖孩子的话说明了什么？童真在孩子的世界里越来越少了。也许，这才是我们最该警惕的。

生活在如今这样一个越来越不允许我们幼稚的年代里，大家做事说话都变得谨慎现实起来，想说一句话都得考虑这句话说出来后，会有什么样的后果和负面影响。本来想做一件看似傻傻的但却非常有趣的事，结果却被人笑话有多幼稚；想随口说一些小愿望或小美好，却被人笑称太天真。所以，我们慢慢失去了很多本该"简单幼稚"的快乐，不是吗？

笨妈育儿经

其实，面对孩子提出的任何问题，家长都应该重视起来并予以解答。只有这样，孩子才会拥有快乐的童年，也才会变得更加可爱！

13
小坏坏的童言趣事

自从坏坏会说话后，搞笑的事天天有，就像是家里的一枚开心果一样。这个机灵的小家伙经常语出惊人，全家的笑点全在他身上。

▲ 坏坏和小朋友在一起阅读时，一副很认真的样子。

事件一：没领会儿子的小心思

小坏坏喜欢玩积木，每次垒得很高很高时，他会很自豪地喊我们看，并为他鼓掌。有时看着用心垒好的"高楼大厦"倒塌了，他会非常生气，带着情绪把倒塌的积木再垒起来。有一次，我看他的积木又倒了，便说："宝贝，你可以盖许多矮小的房子，这样就不容易倒了，为什么非要垒得那么高呢？"刚说完，小人儿就回答："我做的是一个大工程，这是我的事，你不懂。"

事件二：被篡改的《静夜思》

坏坏第一次学李白的《静夜思》时，婆婆念，让他跟着学，小人儿却不屑一顾，自顾自玩自己的玩具。隔了一天，我听他在背这首唐诗，出口就成了："窗前明月光，疑似地上霜；举头望爷爷，低头思故乡。"哈哈！

事件三：爸妈还年轻

坏坏爷爷坐在沙发上看电视，小坏坏拿来一条毛巾，走上前说："爷爷，我给你理发吧。"当征得爷爷的同意后，他把毛巾往爷爷的肩上披好，学着理发师的动作，有模有样地开始"理"发了。理着理着，他发现爷爷头上有白头发，就很淡定地回头对奶奶说："奶奶，你和

227

爷爷都老了，所以都长白头发了，我爸爸妈妈还很年轻，所以没长白头发。"

事件四：讨好奶奶，给爷爷戴高帽子

据坏坏奶奶讲，我和坏坏爸上班不在家时，小坏坏特别听话，还给奶奶保证说："奶奶，妈妈上班去了，我听你的话，我是个乖孩子，我最喜欢你了！"

当爷爷做好饭时，他尝一口后，会装模作样地说："嗯，不错不错，真好吃。"一边讨好奶奶，一边给爷爷戴高帽子，聪明的小坏坏很会讨人欢心。

事件五：机灵小孩难哄骗

周末，我们带小坏坏和坏坏的爷爷奶奶一起出去闲逛。车上，小坏坏喊着要吃薯条。奶奶开玩笑说："薯条买来了给奶奶吃不？"

小坏坏很大方地回答："给，一会儿去了买多多的，我们一起吃。"

婆婆很高兴地问："那你爸爸妈妈没带钱怎么办？"

小坏坏说："那你钱包里不是有钱吗？"

婆婆又笑着说："我也忘了带钱，咱们拿你的压岁钱买薯条好不好？"

话一说完，小坏坏的表情立马大变，不高兴地说："奶奶你太过分了，怎么还要小孩子的钱。"此话一出，全家立马笑翻了。

笨妈育儿经

其实，和小坏坏在一起，每天都有很多有意思的事，他的童言童语是如此的天真和搞笑，小孩的心思真是不能猜。

14
小鬼当家，大事小事都要管

▲ 我是小管家，家里大大小小的事我都要管。

世界杯期间，老公每天下班几乎不再出门，吃完晚饭就守在电视前等着看球。

有一次，我带坏坏从外面回来，小家伙刚进门就看见桌上喝过的啤酒瓶子，指着瓶子对奶奶说："奶奶，这瓶子可以拿到收破烂那儿卖了吧？"奶奶答："爸爸还没喝完，等他把冰箱里剩下的喝完了一起卖。"

这时，坏坏又把话题转向了爸爸，说："爸爸，你少喝点吧，喝酒又浪费钱还对身体不好。"一句话说得爸爸面红耳赤，连忙点头答应下次不喝了。逗得我和婆婆在一旁偷着乐了，看来还是小管家的话起作用。

除了这件事，平时小管家管的事还有很多很多。

事件一：少做点，做多了吃不完多浪费呀

有一天，坏坏爷爷在厨房做饭，小管家又来巡查，他问："爷爷，你在干什么？"爷爷答："我在做饭。"坏坏听了竟然说："哦，那你少做点，做多了吃不完多浪费呀。"此话一出，又引来全家一阵笑声。没看出来这小子小小年纪还知道节约呢！哈哈！

事件二：妈妈，那我现在就去上班挣钱吧

周五晚上，我们在看电视，小管家昂首阔步地走过来，对我说："妈妈，我们上超市吧！"我说："妈妈没钱！"他寻思了一下说："奶奶包里有钱！"我说："奶奶的钱也花完了。"我刚说完，这小子扭头就走进自己房间找了个小包包，然后挎在自己的肩膀上，对我

说："妈妈，那我现在就去上班挣钱吧！"我顿时折服，这小子这么小就知道养家了。

事件三：去超市打酱油

周末，我和坏坏爸带坏坏去超市，路上碰见一个朋友，他逗坏坏问："你和爸爸妈妈到哪里去呀，小帅哥？"坏坏答："我们去超市。""去超市干什么呀？"叔叔继续问。此时，只见坏坏很认真地回答："去超市打酱油。"哈哈！

事件四：没关系，我给你刷卡

在超市里，老公拿了一瓶饮料在看保质期，坏坏说："爸爸，超市的东西没付钱不能喝哦！"（他以为爸爸要喝呢！）爸爸故意说："哦，爸爸知道，那爸爸忘带钱了怎么办？"坏坏说："没关系，我给你刷卡。"真是个牛气十足的小管家。

事件五：你的理由怎么那么多

我要上班时，坏坏对我说："妈妈，你别上班了，在家陪我玩。"我说："不上班我们就没钱，没钱你怎么去游乐场？"坏坏说："让爷爷去挣钱。"我提醒他说："爷爷年纪大了，需要休息，不能再上班了。"他又说："那让爸爸去挣钱。"我答："你以后还要上幼儿园，要花很多钱，爸爸一个人挣钱不够我们花。"坏坏焦急地说："让你陪我玩，你的理由怎么那么多？"此话一出，我顿时石化。

笨妈育儿经

家有小管家，真是趣事多多。平时可能是公公婆婆节约惯了，所以很多事孩子都是看在眼里记在心中。比如刷牙时，用杯子接完水后，他会马上关上水龙头，有时候甚至还会提醒我洗手不能浪费水。

15
把儿子当小情人的 N 个好处

都说女儿是爸爸的小情人，那儿子自然就是妈妈的小情人了！把儿子当作"小情人"，会让当妈的女人找到很多年轻时的感觉。每天和 00 后宝贝在一起，感觉自己似乎越来越有活力了。

有"小情人"陪伴，我可以越活越年轻

平时，对家里的那位老男人，我若有不好意思说出口的肉麻情话或甜言蜜语，在坏坏这个"小情人"面前就可以尽情地说。我经常和他在老公面前秀来秀去，气得老男人只能羡慕嫉妒。有一个年轻的好心态，最起码可以让自己的心理年龄年轻 5 岁。

有"小情人"衬托，我可以穿得很活泼

自从有了坏坏，我买了好多活泼可爱的亲子装。虽然有点装嫩的感觉，但和儿子一起穿，也不会觉得不好意思，有时甚至还会被路人夸漂亮，追问在哪里买的。有他做陪衬，再可爱的衣服当妈后都有勇气穿，还可以美其名曰地称为"亲子装"，哈哈！那咱就潇潇洒洒地再童真一回吧。

有"小情人"跟随，幸福指数随时提高

每次带着"小情人"去参加同学聚会，可爱的他一会儿对妈妈撒娇，一会儿又给妈妈送来甜甜的香吻，每每此时，同学们都会说："你这儿子又帅又贴心，我们怎能不羡慕呢？"哈哈，女人就是容易满足，一句话就

231

被说得心里甜甜的。

　　有一次，幼儿园老师教孩子们做手工——百合花。放学后，坏坏直接送给了我，并且说："妈妈，希望这朵百合花能给你带来开心和快乐！"瞧这多甜的小嘴呀！哈哈！

▲ 自从有了孩子，我的业余时间几乎都被他占了。不上班的时候，我们母子俩几乎是形影不离。

 笨妈育儿经

　　平日，我偶尔也会和老公因吵架而生闷气，也会因为工作压力大而烦躁，但每当看到儿子的笑容时，便感觉这些烦恼和不快都是浮云。生活中有这样一个可爱十足的"小情人"宠着、爱着自己，那还不幸福得和花儿一样！

16

有了孩子，夫妻亲热像做贼

2011 年 5 月 18 日中午，我在单位午休。

突然，我看到了日历上画圈的"19"，明天是 5 月 19 日？瞧我这个笨女人，连自己的结婚纪念日都差点忘了。瞬间，我没心思午休了，登上 QQ，给坏坏爸发了一条消息："（大笑表情图）人呢？我此次香港之行刷卡的消费，终于有理由让你还了。"

消息刚过去，坏坏爸就回了一个问号。我回道："你就装吧，明天是我们的结婚纪念日，今年你就不用送礼物了，把卡上的欠款还了，就算是结婚纪念日你送给我的大礼包吧。"发完消息，我忍不住狂笑。最后，坏坏爸回："（无奈表情图）你你你，你太狠了。"这就是我和坏坏爸平日里最真实的生活，经常如此"打情骂俏"的。

转眼间，我们结婚都四年了。当年那个大大咧咧、桀骜不驯的丫头，如今已被时间打磨成了一个围着孩子转的老妈。真是不敢想，时间过得太快了。

有一天，我和坏坏爸在沙发上依偎着看电视，坏坏看到后，立马跑过来把爸爸的手推开，接着举手要打爸爸，嘟嚷着说："不许动妈妈。"小人儿突如其来的举动，看得我是又惊又想笑。孩子慢慢长大了，有这个"小灯泡"在跟前，以后夫妻之间的一切举动都要注意了。

有一天晚上，哄小坏坏睡着后，我轻轻地转过身，尽量压低声音对坏坏爸说："猪，你睡着了吗？聊聊天吧。"这时，坏坏爸把胳膊伸过来，搂着我说："任务完成了（指把坏坏哄睡着）？有时间陪哥了？"说着说

着，我俩又捣又笑了起来，不过笑也是捂着嘴笑，搞得和做贼一样。这时，小人儿突然开口说道："你们说什么呢？"

我顿时吓了一跳，这小子原来还没睡着，于是赶紧转过身说："宝贝乖，快睡，明天还要上幼儿园呢。"话音刚落，小人儿就来了一句："那你们别说话了，这样影响我休息。"有个"小灯泡"在，我想和老男人聊个天，腻歪几句都不行，看来分床睡是势在必行了。

第二天晚上，和坏坏洗完上床后，我又聊起了分床睡的事。

我："宝贝，你现在长大了，该自己睡了。"

坏坏："你说我啊，自己睡？睡哪儿？"（小人儿故意这么反问）

我："睡你的小床啊。"

坏坏："可是我不想睡小床，小床上只有我一个人，我睡不着怎么办？"

我："每天你躺在小床上，妈妈给你讲完故事，你闭上眼睛一会儿就睡着了。"

坏坏："我不要，那样还是睡不着，我就要和你一起睡。"

我："可是你长大了，大床上睡不下我们三个人了，怎么办？"

坏坏："妈妈，我有一个好办法。"

我："什么好办法？"

坏坏："我和你睡大床，让爸爸睡到小床上去。"

哈哈，说来说去，又把坏坏爸给发配走了。

笨妈育儿经

试过和坏坏分床睡，但几次都以失败告终。一岁半时我说宝贝我们分床睡吧，小子说："我怕半夜被大灰狼吃掉。"心疼他所以没分成。两岁时我说宝贝我们分床睡吧，小子说："分床睡我早上起床第一眼就看不到妈妈了。"被感动了所以没分成。三岁时我说宝贝我们分床睡吧，小子说："我要和妈妈一起睡，让爸爸睡小床去吧！"看来又失败了！

17
儿子恋妈，让我发疯

小坏坏 3 岁左右时，特别黏我。春节休了 12 天假，他几乎没有和我分开过。

休假的第一天，小坏坏早上发现我没上班，整整一上午都追着我问："妈妈，你不上班了吧？"直到我回答了 N 遍"妈妈放假了，不上班了，在家陪宝宝"后，他才高兴得屁颠屁颠地安心了。从那一刻起，我就成了他的侍从，随叫随到。

吃饭：妈妈作陪，吃饭只让妈妈坐旁边

每一顿饭，小坏坏都要我亲自作陪，每次吃饭都非要我坐他旁边，换了别人坚决不干。有时偶尔接个电话离开一会儿，婆婆帮忙给他夹个菜，他都坚决拒绝，非要我来了才吃。这要是遇上一个多心的婆婆，还不得掉到醋坛子里了。

睡觉：妈妈，你搂着我睡

陪睡更是一件让人头疼的事。"妈妈，你胳膊放到我这儿（指脖子下面）""妈妈，我就喜欢你陪着我睡""妈妈，你明天不上班吧"……小坏坏每次睡觉的时候，都会像个猴子一样，在被窝里一边翻腾一边问东问西，直到最后我烦了，他困了，才会安然入睡。

玩耍：妈妈，你和我玩打仗

在白天的时间里，坏坏也特别黏我，我别想安安生生地看个电视剧，更别想悠闲地嗑会儿瓜子。"妈妈，

你陪我玩橡皮泥吧""妈妈，咱俩搭积木吧""妈妈，你和我玩打仗"……哈哈，一上午叫的妈妈数量能塞下一箩筐。总之，我别想清静一分钟。

闲逛：玩累了就要妈妈抱

休假在家的日子，我和儿子可真是形影不离，除了吃喝，就是出去放风。陪儿子玩很快乐、很幸福，可他玩累了就要人抱，有时也会烦。

3岁的小坏坏，已经15千克了，抱着他转可想而知有多么累。有时老公看我有点撑不住了，会主动上前要抱他，可这小子就是不愿意，声明只有我抱才行。唉！这儿子真是特别"照顾"妈妈。

春节假期结束后，我又续休了10天的年假。连着和坏坏待了近一个月，彻底诱发了他的恋母情节。有时，我去忙别的事情，偶尔几分钟不出现在小家伙的视线里，他便会"哼哼唧唧"地喊个不停，直到看见我才肯罢休。

我干活、上厕所、倒垃圾、看电视、玩电脑等，做任何事情，他都像个跟屁虫一样尾随其后，搅得我什么也干不成，黏得我都快要疯了。

为了改掉儿子的恋母情结，我采取了很多措施，比如减少自己与宝宝独处的时间，让爸爸、爷爷、奶奶多陪他玩；带宝宝去公园、游乐场、儿童乐园等人多的地方，和其他宝宝一起玩；让宝宝学会多与几个人做游戏，让爸爸和其他人也参与进来等。后来真的取得了成效，他慢慢变得不再那么"矫情"，和谁都能玩在一起，性格也开朗多了。

笨妈育儿经

一般来说，宝宝都有一点恋母情结，随着年龄的增长，恋母情结会逐渐减弱。如果宝宝整天只要妈妈，妈妈就要注意了，应采取一定的措施，学会放手，才能让宝宝更独立。

18
坏坏也有恋物癖

坏坏有一个奇怪的恋物癖：睡觉时，手里必须捏着一个"角角"。那么，让坏坏疯狂迷恋的"角角"是什么呢？不是玩偶，也不是食物，而是坏坏每天晚上睡觉盖的那床被子的一个角，他亲昵地称它为"角角"。

每天睡觉时，他的两只手都要捏着那个被子角，否则就睡不着。我也记不清从什么时候开始，他就有了这个独特的恋物癖。

宝宝有恋物癖其实并不奇怪。有的宝宝喝奶时，喜欢摸着妈妈的头发；有的宝贝不管走到哪儿，手里都习惯带着一个小熊；有的宝宝不管任何时候，嘴里都爱含一个安抚奶嘴。

曾经有个朋友告诉我说："孩子恋物属于正常现象，他晚上睡觉时缺乏安全感，所以需要有一个物体来依恋。"为了让坏坏戒掉恋物癖，她建议说，让我每天晚上拉着坏坏的手入睡，如此坚持20天，坏坏自然就不再恋"角角"了。

按照朋友的建议，我试了。第一天晚上，我劝坏坏不要捏着"角角"入睡，并告诉他妈妈会保护你，会随时守在你身边。但他进入梦乡的那一刻，又想起了"角角"。接着，第二晚、第三晚、第四晚……我依然没有说服小坏坏戒掉那个"角角"！

如何让小坏坏忘掉那个可爱的"角角"呢？后来我又试了各种方法，完全无效。

有时候，我逗他说："你喜欢'角角'吗？"坏坏很肯定地回答："我喜欢！"一边说，还一边很深情地看着手中紧握的"角角"，生怕它跑了似的。

笨妈育儿经

儿童恋物心理是一种常见现象，也是一种心理需求的体现，并不是病态，家长不必过度担心。孩子恋物会随着成长慢慢消失，家长不要采取粗暴的态度和强制的方式。对于与孩子相处时间较短的父母来说，最需要做的就是多陪陪孩子。

▲ 你成长中的一点一滴，妈妈都
要用心为你记录下来。

笨妈育儿经

说到幸福，儿子让我
真正体会到了什么是幸福。
生活中，也许让人感觉到
幸福的事很多很多，但那
些都是短暂的，只有给予
孩子的爱和孩子回报给妈
妈的爱，会让当妈妈的我
感觉到无比幸福。所以，
坏坏问我什么是幸福时，
我想说："最幸福的事就
是陪你慢慢长大！"

19
最幸福的事就是陪你慢慢长大

"妈妈，你最幸福的事是什么？"儿子突然问我。
"嗯……"没等我回答，他又接着说："妈妈，每一对
爸爸妈妈结婚之后为什么要生一个孩子？""因为……"
又一次没等我回答，他抢答了："是不是生一个孩子生
活会更幸福？"他怎么会突然问这么高深的问题呢？

我笑着点点头，儿子长大了，会自己判断什么是幸
福了。都说男孩越大越恋母，这点我深有体会。每次睡
觉前，我躺在儿子身边给他讲故事时，他都会没完没了
地撒娇，说一些让我感觉像掉在蜜罐里一样的话。

有一次，和朋友一起带孩子去公园玩，一路上，坏
坏一会儿要求帮我拎包，说不想让我太累，一会儿又提
醒我喝水，前面有个小台阶也要停下来提醒我别绊着。
朋友开玩笑说："你这儿子长这么帅，还这么会关心人，
这长大了可怎么得了，要迷倒多少女孩子呀！"哈哈！

从坏坏出生到现在，我给他拍过无数照片。闲暇之
余，我总会打开电脑看他从出生到现在的变化，每一个
镜头都会让我泛起回忆，看着他哭，看着他笑，看着他
第一次松开我的手迈出人生的第一步……时间过得真
快，一转眼，他已快 5 岁了，相对比较独立了，能自己
穿衣吃饭，并帮我干一些力所能及的活儿了，还时常围
绕在我身边说一些甜言蜜语。

每当此时，我都希望时间能慢一些，让我好好享受
陪他慢慢长大的时光。

20
用爱浇灌出来的孩子更懂爱

▲ 儿子转头问我："妈妈，你知道你为什么这么爱我吗？"然后又自答："因为我是你的乖儿子。"说完自己有些不好意思地笑了。

我一直都坚信：用爱浇灌出来的孩子更懂爱！坏坏常常在我外出回家进门的那一刻，跑过来很深情地送上一个吻，然后很细心地帮我摆好拖鞋；每次给他倒好一杯水，他都会习惯性地说声"谢谢妈妈"；当我做好饭喊他过来吃时，儿子依然会贴心地说一声"妈妈，你辛苦了"。

有一次在停车场，我从后备厢拎出不少包，儿子接过一个包，还要抱一个，我怕他拿不动。坏坏说："我现在都长成男子汉了，你是女孩子，我更应该帮你拿多多的东西，你看看我有大力气。"说着，他伸出稚嫩的双臂，指了指说："看，都有肌肉了。"我笑笑答应了，把机会给了他，不管能否拿得动，这是他爱护妈妈的一种方式。

记得有一次，周末早上和坏坏懒懒地躺在床上聊天，突然接到单位的电话，说临时有事要处理。出门时坏坏非喊着让我等一下，没想到他去厨房拿了两片面包，然后又辗转去客厅拿了一个苹果，急忙跑到我面前说："妈妈，这些你拿着，你还没吃早餐呢，别饿着去上班。"当时，他才 3 岁多一点，那一刻我被他的小小心思深深感动。

接过面包和苹果，我说："谢谢儿子，在家要听奶奶的话，妈妈一会儿就回来了。"小人儿可爱地点了点头，还不忘嘱咐我一句："妈妈再见，开车慢点，注意安全。"这句平常的问候让我一下感受到了儿子的爱，这一天我都过得很开心、很快乐。

笨妈育儿经

每个父母都深爱着自己的孩子，这也是人之常情。但是父母的爱一旦偏离了方向，可能对孩子的成长会起到反作用。事事顺从孩子的要求，替他完成所有事情，孩子什么事情都不必动手，这样无原则的爱，会成为一种"溺爱"，容易让孩子养成任性、懒惰的性格。

21
我要攒私房钱，做个一毛不拔的铁公鸡

有一天，我在朋友的博客里看到这么一句话："新《婚姻法》的出台告诉我们，咱们女性同胞最好还是自己挣钱，自己买房，到医院弄个人工授精，自己生小孩。……不用相夫教子，不用既要上班又要忙活家务，不用侍奉公婆，不用担心丈夫出轨，不用担心人老珠黄的时候净身出门，实在寂寞的时候找个男人玩玩，好聚好散。"看完后，我得意地笑了，原来没有男人的生活会如此精彩！

我把原话讲给坏坏爸听，坏坏爸听完后，得意地笑着说："呵呵，这下你以后可要听哥的话了，再嚣张，哥就让你净身出门。"

"让我净身出门？你等着瞧！见招拆招，明天我就给你出台个新政策，哼！"说完我也得意地笑了。

第二天，我在QQ上对老公宣布："以后我要攒私房钱，做个一毛不拔的铁公鸡。"为了让他更明白一点，我特意列了如下几条：

1.以后每月除了生活费之外，其余工资一律上交。（可能大部分男人每个月都这么上交，只有我最傻了，没让老公交过钱啊，我们从来都是各花各的钱。）

2.以后我的工资全攒着，一分钱都不往外拿，告诉你：我就是明着攒私房钱。

3.家里置办"固定资产"发票一律写老婆的名字。

4.如想恢复高质量的生活，请尽快把房产证更换成老婆的名字。

最后，坏坏爸被逼得直接来了一句："已婚的男人伤不起啊，新《婚姻法》只适合新婚姻，对于我们这老夫老妻不适合。"

又过了一天，坏坏爸从 QQ 上发来一句："你还惦记哥的房子呢？我昨晚做梦都是'你改不改？''你改不改？'一副恶狠狠的样子，吓人啊，你说我能不怕吗？"

也许，上面的话只是我们夫妻之间对新《婚姻法》的一种调侃，但话又说回来了，不是女人对钱斤斤计较，这是个很现实的问题。试想万一哪一天婚姻不能走到底了，婚前男方买的房子分不上，婚后自己的工资全花给家里没攒下，我们主妇们留下的又有什么呢？哈哈，我扯远了。

▲ 一家子在一起，最重要的是交心，只有交流才会有理解和爱的产生。

笨妈育儿经

新时代的女性经济独立了，思想也开始变得独立。有一句话不是说嘛，女人就是要有钱！只有这样，你才不会依附于男人，从而活出不一样的精彩！

▲ 好好爱自己，做孩子眼中最自信美丽的妈妈。

22
30岁的女人要学会爱自己

稀里糊涂地我就30岁了，真的有点不敢相信这个事实。

30岁生日那天，我偏偏事情很多，忙活了整整一天。我之前就打算，过30岁生日的时候，一定要出去high一把，高调纪念一下这个有"意义"的数字。

可真到了这天，我反而淡定了许多，只想平静地悄悄度过，我唯一想对自己说的就是：希望以后每天都能多笑一笑，好好地宠爱自己，也只有好好地爱自己，才能更好地爱家人！

30岁的女人，一定要注意以下几点：

第一，要经常给自己减压

有几天晚上，我居然失眠了。按理说，像我这么一个能吃能睡的人，不应该这样啊。那段时间，我火气特别大，回家见孩子淘气就想发火，情绪状态很不好，看来真得给自己减减压了。以后，我要经常给身边的朋友打打电话，聊聊天，逛逛街，脑子不能整天只想着工作和孩子，偶尔"自私"逃离一回，学会放下，才能不被烦恼所困扰。女人就是要学会爱自己，有好的心态，才能有好的状态。

第二，重视自己的身体健康

身体是本钱，我以后每年都要给身体做一次全面检查，爱生活，爱家庭，首先就要懂得爱惜自己的身体。身体没了，健康没了，拥有什么都是一句空话。

第三，保养护肤不能少

25 岁以后，身体与肌肤的新陈代谢开始减慢，种种肌肤衰老的征兆开始显现，所以想要做美妈就要下功夫喽。

俗话说："不愿意用时间来装扮自己的女人，就不要对其他美丽的女人心生嫉妒，与其羡慕别人的美丽，不如在自己身上多花工夫。"

哪个女人不爱美？从现在开始，我每天都要抽点时间花在自己身上，多运动，多喝水，每周 2~3 次的肌肤基础护理也不能少，一定要将臭美计划进行到底。

第四，日常习惯要注意

没结婚的时候，我经常熬夜，那时也从来没出现过黑眼圈等问题。岁月还真是一把杀猪刀，现在我不能和以前相比了，早睡早起，多锻炼才能拥有好气色。

另外，在饮食方面，我也要特别注意，多吃蔬菜和清淡的食物，还有就是，绝对不能早上饿肚子，美丽的一天从早餐开始。

自从有了孩子，我的生活重心就发生了变化。每天除了工作，我的业余时间几乎都花在了孩子身上。有一天，哄孩子入睡后，我心血来潮想做个面膜。做完第一道洗脸程序后，我对着镜子认真地端详着这张再也熟悉不过的脸时，看到眼角的细纹又明显变深了，皮肤也没以前有光泽了，那一刻，我的心情跌到谷底。30 岁了，我要学会珍惜自己，更加爱自己！

笨妈育儿经

回想婚后的这几年，我真的很少把时间花在自己身上，美容院去的次数越来越少；衣服给自己买的远远没有给孩子买的多；平时朋友聚会也很少参加，即使去也是拖个"小尾巴"；连半年前说要去医院做个体检，都一直抽不出半天的时间……从现在开始，我必须学会宠爱自己。

23
女人当妈变化大

每个孩子眼中都有一个最美丽的妈妈。坏坏5岁生日那天，我早上洗完脸，坐在梳妆台前准备擦护肤品时，还躺在床上的小人儿对我说："妈妈，今天你化个妆吧，化个粉色眼影，那样才最漂亮，我喜欢你化妆。"

我平时很少化妆，一般都是基础护理做完就完事了，那天听了儿子的话，我真的特意化了个淡妆，化了粉色眼影，打了腮红，涂了口红，刷上了弯弯的睫毛。

在我化妆期间，儿子一直认真地看着我，当我拉上化妆包拉链的那一刻，儿子起身亲了我一下，然后说："妈妈，你今天真漂亮。"

我笑答："因为是你的生日，妈妈特意打扮漂亮一点。"儿子又说："是真的很漂亮，你以后天天都化妆。"我眯着眼睛笑了。

当妈后真的是变化很大，为了孩子我们甘愿起早贪黑，忘了曾经自己也是爸爸、妈妈手中的掌上明珠。回想以前，衣服脏了就扔进洗衣机等妈妈洗，可如今，孩子的贴身衣服都是自己亲自动手洗；没嫁人时，衣来伸手、饭来张口，从不下厨，可现在为了孩子吃得安全放心，经常半夜趴在网上学做饭；有了孩子，晚上再也没看过肥皂剧，把所有的时间都用来陪他玩游戏；放弃了周末休息和shopping的休闲时间，忙忙碌碌地陪孩子奔波于各种亲子活动现场；即使偶尔和闺密出去放松，也总是担心回去晚了孩子想妈妈怎么办……以至于同学、闺密们都笑我说："当妈后怎么变化这么大，一点都不像以前那个大大咧咧的疯丫头了。"

笨妈育儿经

有一天照镜子时，我突然发现自己眼角多了好多小细纹，当我发呆时，儿子跑来喊："妈妈，妈妈，你陪我玩吧。"看着儿子的身影，我又怎能不老呢？从那一刻起，我就下定决心要做一个爱美的妈妈。爱孩子，但也不能忘了爱自己！

附 录 **0~6 岁亲子阅读推荐书目**

0~1 岁

良好的阅读习惯让孩子受益一生。对于孩子阅读习惯的培养越早越好，但这个年龄段的宝宝还听不懂故事，所以我就给儿子选了一些色彩鲜艳的挂图、卡片、立体动物书等，平时还会给他读一些儿歌之类的。

宝宝如果爱撕书，家长可以给宝宝买一些布书，如关于交通工具的以及动植物的等。

1~3 岁

阅读是一个需要坚持的过程，想让孩子有一个好的阅读习惯，妈妈就要抽出时间陪孩子一起阅读。亲子阅读不仅可以培养良好的亲子关系，还可以培养孩子的想象力和语言能力。

给孩子选书，第一要选适合宝宝这个年龄段的读物，第二要选孩子喜欢的，这样才能激起孩子的阅读欲望。1~3 岁的孩子已经具备了一定的思维判断能力，所以，我每次去图书馆都会带上儿子，一来可以让他感受阅读的气氛，二来可以让他有选择的权利。

这个年龄段的阅读主要以亲情故事、生活习惯、童趣性强的书为主。

《小熊宝宝绘本》：共 15 册，适合 1 岁以上亲子共读或幼儿自主阅读。画风柔美，贴近生活，孩子一直都很喜欢这套书。

《噼里啪啦系列》：全辑共 7 册，这套书从儿子 2 岁起就买了，直到现在儿子还在读。它是一套启蒙立体图画书，在书页中可以不时翻开一些折叠面，孩子隔一段时间就会拿出来读一遍。

《嘟嘟熊画报》：教育部推荐的优秀幼儿读物。书中的主人公嘟嘟熊，形象憨态可掬，很受孩子喜爱。书中讲述了许多丰富多彩、乐趣无穷的故事，是儿子睡前喜欢读的绘本之一。

《猜猜我有多爱你》：非常有爱的一本书，虽然文字简短，却寓意深长。书中一大一小两只兔子短短的对话，浓缩了生命中最复杂、也最伟大的情感，是一本很不错的亲子绘本。

《爷爷一定有办法》：书中的约瑟从小就和爷爷建立起了深厚的感情，他相信，爷爷一定有办法把旧东西变成新东西。图画细腻地描绘出充满浓厚人情味的小镇和约瑟的家庭，非常生动、传神。

《我爸爸》：用孩子的口吻和眼光描绘出了一位既强壮又温柔的爸爸，可以极大地增强父子亲情。

《我妈妈》：通过简单朴实的语言，让孩子明白了妈妈的日常辛劳，这不仅可以让孩子明白母爱的伟大，还会让孩子对妈妈充满敬意。

《大卫，不可以》：给儿子讲了几遍就爱不释手的读物。看着这个天真无邪、把家里搞得一团糟的小男孩，我和儿子都很有共鸣。当大卫不小心把花瓶打碎，被罚坐在墙角的小圆凳上流泪时，妈妈说："宝贝，来这里。"读到这一页，我都感动得哭了，不管孩子有多调皮，可是当他伤心的时候，母亲的怀抱永远是他温暖的港湾。

《月亮的味道》：这是这一本充满了童趣的书，尤其是当小老鼠出其不意地一口咬下了一片月亮时，这真是出人意料。这是一本大胆、创新、有趣、好玩的绘本，很适合2~3岁的幼儿阅读。

《第一套自然科学启蒙书》：共17册。这是一套幼儿科普启蒙绘本，文字优美，用简单的语言和生动的画面介绍了一些简单的科学知识，有助于引导孩子了解、感知一些常见的科学现象。

《温妮女巫魔法绘本》：共2辑，套装共13册。一套充满想象力和惊奇故事的搞笑绘本，当你阅读它的时候，肯定会被图画中那些非常美妙的细节和生动有趣的地方所吸引。儿子每次看都聚精会神的，时而大笑时而思考。

3~6岁

这个年龄段的孩子好奇心比较强，男孩子尤其喜欢冒险，这时就应该按照孩子的成长特点去选书了。而且，这个年龄段的孩子，语言和词汇量开始变得丰富，大脑发育快，开始建立起比较复杂的逻辑思维能力。所以，在阅读时，家长一定要注意鼓励孩子多提问、多动脑。这个年龄段的阅读以科普类、益智类、自我保护类的绘本为主。

《青蛙弗洛格的成长故事》：共12册。讲述的是青蛙弗洛格和他的朋友们之间发生的关于友谊、爱、生命、世界的故事，适合3~6岁孩子阅读。

《妈妈别为我担心》：儿子很喜欢的绘本之一。孩子健康平安地长大，是每个妈妈最大的心愿，在家、出门要防备哪些危险？怎样面对陌生人？碰到紧急情况怎么办？在保证孩子衣食丰足的同时，我们一定要教给他们保护自己的基本能力。

《大奖章绘本》：1~2辑，共11册，这套绘本很经典，我想男孩子都会喜欢。美丽的插画，大胆的创意，给孩子营造了一个充满想象的空间。

《汤姆走丢了》：安全问题应该反复给孩子强调，所以这本书我放在床头，方便和孩子一起阅读。它会告诉孩子，如果真的找不到妈妈了该怎么办，每次和儿子一起看到兔妈妈找到汤姆时满脸泪水的情形，我们都条件反射般地相拥一下。这本书让孩子明白了爱的同时，也更加懂得了安全的重要性。

《我要保护自己》：这是一本关于习惯培养的书，可以让孩子通过绘本学习如何保护自己。比如，如果碰见坏人就大喊："救命！"出门要紧跟着妈妈，还要记住妈妈的电话号码，这样万一走丢了，就可以找警察叔叔或带小孩的大人求助，实在不行就去熟悉的商场找服务员求助。

《数学绘本》：有趣的数学启蒙读本。有了它，孩子会发现，原来数学也很好玩。

《迷宫大冒险》：玩迷宫书可以增强孩子的观察能力。这是儿子比较喜欢的一套迷宫书。

《不一样的卡梅拉》：12册，儿子读了整整4年的绘本，每次拿起都爱

不释手。一群特立独行的小鸡，一个个新意迭出的故事，《不一样的卡梅拉》温暖了孩子们的童年，陪伴了孩子们的成长，点亮了孩子们的梦想……

《绘声绘色科学小百科》：共12册，这套书有几个特色，一是把知识融入猜谜实验之中，二是多功能翻页特别能吸引孩子的注意力，加上作者特别考虑了孩子们的视角，因此孩子读得津津有味。

《安全第一》：这本书是贝贝熊系列丛书中的一本，书中几乎把孩子所有可能遇到的问题都写了出来，安全教育问题一刻也不容忽视。

《恐龙历险记》：对恐龙有兴趣的男孩子应该都会喜欢这个绘本。

《神奇的校车》：这套书不错，儿子很喜欢，是一套科普童书。

《神奇小屋》：共6册，神奇小屋系列以漫画的形式讲述科普知识，科学道理较为严谨，表达方式幽默有趣，寓教于乐。目前还是亲子共读，需要讲解，等儿子再大点应该就可以独立阅读了，是一套很不错的漫画科普书。

和孩子一起阅读时，家长如果照本宣科地按照书上提供的语句读，这样难免有些生硬，这时不妨带上点自己的理解和想象，声情并茂，带些夸张的表情，相信孩子会在妈妈的引导下很快爱上阅读。